中外文化翻译教学与人才培养研究

杨金蕊 著

北京工业大学出版社

图书在版编目（CIP）数据

中外文化翻译教学与人才培养研究 / 杨金蕊著 . —北京：北京工业大学出版社，2022.1
　　ISBN 978-7-5639-8239-4

　　Ⅰ . ①中… Ⅱ . ①杨… Ⅲ . ①翻译－人才培养－研究－中国 Ⅳ . ① H059

中国版本图书馆 CIP 数据核字（2022）第 026873 号

中外文化翻译教学与人才培养研究
ZHONGWAI WENHUA FANYI JIAOXUE YU RENCAI PEIYANG YANJIU

著　　者：	杨金蕊
责任编辑：	吴秋明
封面设计：	知更壹点
出版发行：	北京工业大学出版社
	（北京市朝阳区平乐园 100 号　邮编：100124）
	010-67391722（传真）　bgdcbs@sina.com
经销单位：	全国各地新华书店
承印单位：	三河市腾飞印务有限公司
开　　本：	710 毫米 ×1000 毫米　1/16
印　　张：	12
字　　数：	240 千字
版　　次：	2023 年 4 月第 1 版
印　　次：	2023 年 4 月第 1 次印刷
标准书号：	ISBN 978-7-5639-8239-4
定　　价：	60.00 元

版权所有　翻印必究

（如发现印装质量问题，请寄本社发行部调换 010-67391106）

作者简介

杨金蕊,汉族,女,山东菏泽人,大学本科。研究方向为翻译理论与教学。科研成果:著作《自由派翻译传统研究》(外语教学与研究出版社,2008)获山东省社会科学优秀成果奖一等奖、山东省高校科研优秀成果奖一等奖。

前　言

　　语言是文化的组成部分，其演变、使用和表达方式必然受到所处文化环境的影响和制约。文化是一个民族智慧的结晶，它可以传承，也可以学习和交流。然而，跨语际的文化交流通常需要借助于翻译。因此，在翻译过程中，怎样处理文化问题，是每个翻译工作者都不能回避的问题。

　　在现阶段的翻译教学过程中，多是关注学生对词汇、语法等语言层面转换方法的学习，却对外国文化以及中外文化差异缺乏全面、细致的讲解，使得大学英语翻译教学工作无法达到较高的水平，也严重阻碍了学生的认知水平以及实际交际能力的提升，脱离了对学生跨文化交际能力培养的目标，使学生的综合素养发展受到较大的束缚。基于此，本书对中外文化翻译教学与人才培养展开了系统研究。本书研究主体中的"外"的范畴主要是指以英语为母语的西方国家，本书的论述重点为中西文化翻译教学与人才培养。

　　全书共六章。第一章为绪论，主要阐述了文化与翻译、中西翻译观、中西文化的渊源及差异、文化差异对翻译教学的影响、跨文化非语言交际的功能和语用特点等内容；第二章为中外文化翻译教学的理论建构，主要阐述了中外文化教学的理论基础、中外文化翻译教学的理论基础、中外文化翻译教学的整合体系等内容；第三章为中外语言文化翻译教学，主要阐述了词汇翻译教学、句子翻译教学、语篇翻译教学、修辞翻译教学等内容；第四章为中外物质文化翻译教学，主要阐述了服饰文化翻译教学、饮食文化翻译教学、居住文化翻译教学等内容；第五章为翻译人才培养的相关理论，主要阐述了翻译人才培养的价值取向、翻译人才培养的目标、翻译人才培养的模式、翻译人才培养的机制等内容；第六章为翻译人才培养的相关举措，主要阐述了翻译人才培养的本土化身份建构、翻译人才的跨文化交际能力培养、翻译人才培养的政策保障等内容。

　　为了确保研究内容的丰富性和多样性，笔者在写作过程中参考了大量理论与研究文献，在此向涉及的专家学者们表示衷心的感谢。

　　最后，限于笔者水平，加之时间仓促，本书难免存在一些不足，在此，恳请同行专家和读者朋友批评指正！

目　　录

第一章　绪论 … 1
第一节　文化与翻译 … 1
第二节　中西翻译观 … 20
第三节　中西文化的渊源及差异 … 29
第四节　文化差异对翻译教学的影响 … 35

第二章　中外文化翻译教学的理论建构 … 42
第一节　中外文化教学的理论基础 … 42
第二节　中外文化翻译教学的理论基础 … 53
第三节　中外文化翻译教学的整合体系 … 68

第三章　中外语言文化翻译教学 … 73
第一节　词汇翻译教学 … 73
第二节　句子翻译教学 … 79
第三节　语篇翻译教学 … 89
第四节　修辞翻译教学 … 98

第四章　中外物质文化翻译教学 … 104
第一节　服饰文化翻译教学 … 104
第二节　饮食文化翻译教学 … 112
第三节　居住文化翻译教学 … 124

第五章　翻译人才培养的相关理论 … 131
第一节　翻译人才培养的价值取向 … 131
第二节　翻译人才培养的目标 … 136

第三节　翻译人才培养的模式 ……………………………… 139

　　第四节　翻译人才培养的机制 ……………………………… 146

第六章　翻译人才培养的相关举措 …………………………………… 150

　　第一节　翻译人才培养的本土化身份建构 ………………… 150

　　第二节　翻译人才的跨文化交际能力培养 ………………… 164

　　第三节　翻译人才的跨文化非语言交际能力培养 ………… 170

　　第四节　翻译人才培养的政策保障 ………………………… 179

参考文献 …………………………………………………………………… 182

第一章 绪论

翻译是一种文化的重现和传播过程，对于有文化内涵的语言、现象要做到等值翻译，就要了解文化差异对翻译和翻译教学的影响，这样才能提高翻译教学的质量和效率。

第一节 文化与翻译

一、文化的内涵

（一）文化的定义

"culture"一词的原意是"耕作、培养、教育"，其基本含义包括两个方面：在物质活动方面意味着耕作，在精神修养方面的含义则涉及宗教崇拜。随着社会以及近代科学的不断发展，尤其是文艺复兴、地理大发现和宗教改革的推动，人们对形形色色文化的区分以及对文化内涵和外延的研究产生了浓厚的兴趣，并赋予了"文化"新的内涵，使文化成为人们专门探讨的一门学问。关于文化的定义，中外学者有着各自不同的看法。下面就列出一些具有代表性的观点。

1. 国外具有代表性的观点

英国文化人类学家爱德华·泰勒在《原始文化》一书中首次将文化作为一个概念提出来，指出"文化是一种复杂体，它包括知识、信仰、艺术道德、法律、风俗以及其余社会上学得的能力与习惯"。

英国社会人类学家马林诺夫斯基则认为，文化是一种具有满足人类某种生存需要的功能的"社会制度"，是一群利用物质工具而固定生活于某一环境中的人们所推行的一套有组织的风俗与活动的体系。

以上两种观点得到了人们的广泛推崇，但除此以外，也有不少学者提出了更为全面、合理的观点。

美国学者戴维·波普诺就曾对文化下了一个比较全面的定义，他认为文化应由三个因素构成："一是符号意义和价值观——这些都用来解释现实和确定好坏、正误标准；二是规范准则——对在一个特定的社会中人们怎样思维、感觉和行动的解释；三是物质文化——实际的和人造的物体，它们反映了非物质的文化意义。"

美国学者理查德·波特和萨莫瓦指出："文化是一个大的人群在许多代中通过个人和集体的努力获得的知识、经验、信念、价值、态度、角色、空间关系、宇宙观念的积淀以及他们获得的物质的东西和所有物。文化表现于语言的模式以及活动和行为的样式，这些模式和样式是人们适应性行动和交际方式的样板，它们使得人们得以在处于特定的技术发展阶段、特定的时间、特定的地理环境的社会里生活。"

2. 国内具有代表性的观点

"文化"一词在汉语中古已有之。"文"的本义指各色交错的纹理，有纹饰、文章之义。《说文解字》称："文，错画也，象交文。"在这里，"文"就是指各种象征符号以及文物典章、礼仪制度等。而"化"的本义是交易、生成、造化，如《周易·系辞下》中的"万物化生"。"化"也可引申为改造、教化、培育等。

西汉以后，"文"与"化"合并成为一个词语。西汉刘向在《说苑·指武》中写道："圣人之治天下也，先文德而后武力，凡武之兴，为不服也，文化不改，然后加诛。"此句中的"文"和"诛"是两种根本不同的治理社会的手段。这段话的意思是圣人治理天下，先施以文德教化，如不奏效，再施加武力，即先礼后兵。此后，"文化"一词的用法延至后世，并进一步引申出多种含义，分别与天造地设的"自然"相对，或者与无教化的"质朴""野蛮"相对，取其人伦、人文之义。

《辞海》对文化的定义是"文化广义指人类社会实践过程中所获得的物质、精神的生产力和创造的物质、精神财富的总和；狭义指精神生产力和精神产品，包括一切社会意识形态，即自然科学、技术科学和社会意识形态。有时又专指教育、科学、文学、艺术、卫生、体育等方面的知识与设施"。

综合上述观点可以看出，文化是历史的结晶，是通过积累逐渐形成的，是人类在社会实践中创造出来的精神和物质财富。文化的定义有广义与狭义之分，广义的文化包括精神文化和物质文化，而狭义的文化仅指精神文化。

（二）文化的分类

1. 按照文化的表现形式分类

按照表现形式，可将文化分为物质文化、制度文化和精神文化，这也是当今比较流行的"文化三分法"。

（1）物质文化

物质文化是人类在社会实践中的物质生产活动以及产品的总和。物质文化是文化的基础部分，它以满足人类最基本的衣食住行等生存需要为目标，为人类适应和改造环境提供物质装备。物质文化直接对自然界进行利用与改造，并最终以物质实体反映出来。

（2）制度文化

制度文化是指人类在社会实践中建立的各种社会规章制度、法规、组织形式等。人类之所以高于动物，其根本原因在于人类在创造物质财富的同时，创造了一个服务于自己，同时又约束自己的社会环境，创造出了一系列用以调节内部关系，从而更有效地应对客观世界的组织手段。

（3）精神文化

精神文化是指文化的意识形态部分，它是人类认识主客观关系并进行自我完善的知识手段，包括哲学、道德、文学、艺术、伦理、习俗、价值观、宗教信仰等。精神文化是由人类在长期的社会实践活动和意识活动中孕育出来的，因此也称为"观念文化"，它是文化的精神内核。

2. 按照文化的内涵特点分类

从文化的内涵特点出发，可将其分为知识文化和交际文化。

（1）知识文化

知识文化是指在跨文化交际中不直接产生严重影响的文化知识，主要以物质表现形式呈现，如艺术品、文物古迹、实物存在等。

（2）交际文化

交际文化主要是指在跨文化交际中有直接影响的文化信息。交际文化主要以非物质为表现形式。在交际文化中，生活方式、社会习俗等属于外显交际文化，

中外文化翻译教学与人才培养研究

易于被察觉和把握；而诸如世界观、价值观、思维方式、民族个性特征等则属于内隐交际文化，它们往往不易被觉察和把握，但却更为重要。显然，在知识文化和交际文化中，交际文化是需要学者密切研究和关注的重点，其中，对内隐交际文化的研究又显得更为重要。因为只有深入研究不易被察觉的、较为隐含的内隐交际文化，了解和把握交际对方的价值取向、心理结构、情感特征等，才能满足深层次交往的需要，如政治外交、商务往来、学术交流等。

3. 按照文化的层次分类

按照层次的高低，可将文化分为高层文化、深层文化和民间文化。

高层文化又称"精英文化"，是指相对来说较为高雅的文化内涵，如哲学、历史、文学、艺术等。深层文化又称为"背景文化"，它是指那些隐而不露，但起指导作用和决定作用的文化内涵，如价值取向、世界观、态度情感、思维模式、心理结构等。可见，深层文化与前述所提及的内隐交际文化相当。民间文化又称"通俗文化"，它是指那些与人们生活密切相关的文化内涵，如生活方式、风俗习惯、社交准则等。

4. 按照文化的价值体系分类

按照价值体系的差异与社会势力的强弱，可以将文化分为主文化与亚文化。主文化与亚文化反映的是同一个政治共同体内的文化价值差异与社会分化状况。

（1）主文化

主文化是在社会上占主导地位的，并被认为应该为人们所普遍接受的文化。主文化在共同体内被认为具有最充分的合理性和合法性。具体来说，主文化包括三个子概念：侧重权力支配关系的主导文化，强调占据文化整体的主要部分的主体文化，以及表示一个时期产生主要影响、代表时代主要趋势的主流文化。其中，主导文化是在权力捍卫下的文化，主体文化是由长期的社会过程造就的，而主流文化是当前社会的思想潮流。

（2）亚文化

亚文化又称为"副文化"，它仅为社会上一部分成员所接受，或为某一社会群体所特有。可见，亚文化所包含的价值观与行为方式有别于主文化，在文化权力关系中处于从属地位，在文化整体中占据次要的部分。亚文化又有休闲亚文化、校园亚文化、宗教亚文化等分类。一般来说，亚文化不与主文化相抵触或对抗。当一种亚文化在性质上发展到与主文化对立的时候，它就成了一种反文化。

正如文化不一定是积极先进的一样，反文化也不一定是消极落后的。有时文化与反文化之间只是一种不同审美情趣的对立。在一定条件下，文化与反文化还可以相互转化。

5. 按照文化的语境分类

按照文化对语境依赖程度的不同，可以将文化分为高语境文化和低语境文化。语言是人类交流最主要的工具，而人们的交流总是在特定的语境中进行的。

（1）高语境文化

高语境文化是指对语境的依赖程度较高、主要借助非语言符号进行交际的文化。高语境的交际意味着大多数信息存在于自然环境中或者交际者的头脑里，只有极少数是以符号代码的形式进行传递的。

（2）低语境文化

低语境文化是指对语境的依赖程度较低、主要借助语言符号进行交际的文化。低语境的交际与高语境的交际相反，大量的信息借助符号代码来传递。

低语境文化与高语境文化的成员在交际时易发生冲突。相对于高语境文化来说，语言信息在低语境文化内显得更为重要。处于低语境文化的成员在进行交际时，要求或期待对方的语言表达尽可能清晰、明确，否则他们就会因信息模棱两可而产生困惑。高语境文化的成员往往认为事实胜于雄辩，有时一切可尽在不言中。如果低语境文化的人有困惑之处，他们就会再三询问，这时高语境文化的人常常会感到不耐烦甚至恼怒，从而产生误解。

（三）文化的特性

1. 传承性

文化是在人类进化过程中所衍生和创造出的一种带有传承性的习得方式。这种传承性表明文化的非先天遗传性。人们在社会生活和交往过程中，依靠不断传承的文化得以生存和发展。

这种传承性承担着人类生活的基本职能，帮助人们应对生存困境和解释生命过程。在这个过程中，人们的共同价值体系得到了构建，同时又反过来约束人们的行为。正如布莱斯林所说："如果某些价值观已存续多年并被认为是社会的核心理念，则这些价值观一定会代代相传下去。"

2. 民族性

文化往往以民族的形式出现，是特定群体和准成员共同接受和共享的，这种民族性表现在以下几个方面：第一，同一民族使用共同的语言；第二，同一民族遵守共同的风俗习惯；第三，同一民族具有共同的心理素质和性格。通过上述可知，文化是以民族为中心的，这是文化的根本属性。

3. 稳定性

每一种文化都有着内部稳定的文化结构，如习俗、道德、世界观、人生观等，这种稳定性是文化得以发展的根基。但是，需要指出的是，文化的稳定性并不是指文化是一成不变的，文化是在稳定的基础上不断吸收外来文化，从而保持自身结构的稳定与平衡的。社会生产力、科学技术、新的观念、政治格局等因素都可能推动文化的发展。这些发展使文化表层结构发生变化，但是内在文化根基保持不变。

4. 整体性

文化是由不同的要素共同组成的一个整体，各个结构互相连接，各个功能相互依存，这就是文化的整体性。在文化整体性的影响下，研究者对文化的任何一个信息系统进行研究，最终都会展示出文化的完整图景。同时，文化的任何一部分的变动，都会对其他部分产生一定的影响。

5. 流变性

文化的流变性发展充分表明"文化"实际上是一个开放系统而不是"封闭系统"。基辛认为文化本身具有某种"自我校正机制"：一方面，某些被认为具有文化传承性的习俗、价值观念、信仰在孤立状态的文化模式中可能处在"平衡"或"均势"中，停滞不前；另一方面，而且是更加不能忽视的一面是在文化体系内部可能产生一种恒常的方向性"文化流变"，冲击着文化的稳定性，包括传统、观念、信念、信仰、生活方式等。

文化流变性对翻译学的意义是不言而喻的。很多古籍文本到今天之所以难以解读，根本原因在于文化流变。文化在发展过程中会导致原有文化序列中断，进而导致典籍文本中的意义难寻。《天问》就是一个典型的例子。《天问》的篇幅仅次于《离骚》，共374句，1565字，是屈原晚年的愤世之作。因此，论思想、艺术的成熟程度应不逊于《离骚》。《天问》之所以"文义不次序"（东汉·王逸《楚辞章句》），当然与作者"忧心愁悴"的心境有关系，与屈原因愁悴而采用"奇矫活突"的艺术风格有关系，与"脱简"也有关系。但更重要的原因是文化流变，很多史实、神话、传说、箴言乃至文辞用语、句读句式在屈原的时代是家喻户晓的，但至秦汉后业已失传，因而导致解读上的困难。

6. 兼容性

人类不同文化形态之间的关系绝不是势不两立、"你死我活"的。不同文化形态之间具有相互渗透、相互兼容、相互影响及相互促进的关系，从而达到相济相调、相得益彰的积极结果。这类例证在人类文化史中几乎比比皆是。奥格雷迪和叶芝就是使爱尔兰文化和英格兰文化相济相调、兼容出新的杰出代表。很多爱尔兰作家都面临一个"双重语言"问题，他们一般都恪守凯尔特人的心理和价值观以及民间语言的传统，并体现在自己的作品中，将盖尔语的精华与英语融为一体。

对翻译学而言，文化的兼容性具有特殊的重要意义，因为翻译者正是置身于多元文化和多语种的多重圆圈中，而文化与语言是相互影响的，翻译者不能只看到流变而忽视兼容，不能只看到"异"而忽视"同"，相反亦然。文化的兼容性是文化翻译表现论的重要依据。

（四）文化的功能

1. 社会性功能

（1）规范功能

具有规范作用的文化主要指的是维护社会治安以及人与人之间关系的伦理制度、婚姻制度以及亲属制度等。相应的法律制度、政治制度等的出台可以有效保证社会公正，使人们实现共同发展。

（2）教化功能

文化的教化功能主要表现在文化对于人的影响上。每一个人都会受到本民族文化的熏陶，进而形成具有本民族性格特征的人。中国人受到中华文化的熏陶，形成了典型的华夏人的性格特点。西方人则以培养公民的守法意识为基本准则。这就是文化教化功能的具体体现。

（3）凝聚功能

文化的凝聚功能主要表现在对内和对外两个方面。具有相同文化背景的人或族群往往具有很强的文化认同感。

（4）整合功能

文化的整合功能主要表现在可以使文化各部分密切联系，并构成一个有机统一的整体；协调各部分，使风俗习惯、生产力的发展等都和谐统一，实现共同发展；规范同一国家或同一民族的观念、意识等，使其成为一种共同的文化模式。

2. 心理性功能

文化的心理性功能指的是文化满足心理需求的能力。人的心理需求还有很多，如艺术的需求、认知的需求、自我实现的需求、信仰的需求等。

3. 生理性功能

文化的生理性功能与人类的衣、食、住、行具有密切的关系：①基本需求，包括住所、人身保护等；②派生需求，包括食品分配、防卫、社会监控等；③综合需求，包括心理上的安全感、社会和谐等。

社会生产力水平的不断提高使得人们的生理性需求也越来越高，人们开始追求更高层次的物质享受。

二、翻译的内涵

（一）翻译的定义

1. 国外比较具有代表性的翻译定义

18世纪著名的英国学者塞缪尔·约翰逊认为，翻译指的是把一种语言转换为另一种语言，但原文的意思要保持不变。

美国的翻译理论学家尤金·奈达认为，翻译指的就是从翻译的语义到翻译的文体，在译语中通过使用最接近、最自然的对等语，实现对源语信息的再现。尤金·奈达的这个翻译观点是国外比较有代表性的。

著名的英国语言学家、翻译理论家约翰·卡特福德认为，翻译是指一种语言（源语）语篇被另一种语言（目标语）中的等值话语材料替代。因此，在约翰·卡特福德看来，翻译存在的状态有两种：一种是源语（译出语），一种是目标语（译入语）。

著名的翻译理论家彼得·纽马克认为，翻译指的是将一个文本的含义根据原作者的意向移入另一种文本之中。

美国著名翻译理论家劳伦斯·韦努蒂认为，翻译是译者依靠解释所提供的目的语中的能指链替代构成源语文本的能指链的过程。他从不同于传统"对等"角度的定义出发，指出能指与所指是能够实现分裂的，并且符号和意义两者之间是不同的，文本的意义也存在不确定性，因此就否定了结构主义一直以来推崇的所指和能指之间的对应关系。通过一种表层结构代替另一种表层结构，这是劳伦斯·韦努蒂的翻译观点。

以色列学者吉迪恩·图里认为，翻译是无论在什么情况下，译文都呈现出或者被认为是目的语文化的一种目的语文本。他的这一观点使目的语文化被提出，使得翻译的研究范畴从语言层面拓展到了文化层面。

苏联翻译理论家费道罗夫认为翻译是用一种语言将另一种语言在思想内容与表现形式相统一的情况下完整而准确地表达出来。

苏联语言学家巴尔胡达罗夫认为，翻译是在保证语言产物内容方面（意义）不改变的前提下把一种语言转变为另一种语言的过程。

美国评论家、诗人马尔科姆·考利认为，翻译是用其他语言为有不同背景的读者提供的一种可以创作的艺术。

2. 国内比较具有代表性的翻译定义

茅盾认为，翻译就是通过使用一种能够将原作的艺术意境呈现出来的语言，让读者在读译文的同时能够感受到原作带给人们的启发和美。

吕俊认为，翻译作为传播的实质和传播学中一个拥有特殊性质的领域，是不同文化之间的一种信息交流和交换活动。

林煌天认为，作为语言活动的组成部分，翻译有非常重要的作用。翻译是将原文章中的语言或语言变体的内容转变成另一种语言或语言变体的过程与结果，又或者是通过另一种语言实现原语言材料构成文本的完整、准确再现。

沈苏儒认为，翻译指有不同文化背景的人通过使用一种语言（文字）表述的内容使其与另一种语言（文字）之间实现充分而有效的传递和转化。

王克非认为，翻译是将文章所蕴含的思想通过不同的语言文字表达出来的文化活动。

孙致礼认为，翻译通过不同的语言将相同的意义表达出来，从而达到沟通思想情感、传播文化知识的目的。它有利于更好地推动社会文明进步，促进译语文化的兴旺昌盛。

林汉达认为，准确的翻译就是尽可能地按照汉语的习惯，忠实地表达原文的意思。

王以铸认为，好的翻译绝不是把原文一字一句硬搬过来，而是要传达原文的神韵。

范仲英认为，翻译是人类在思想交流过程中沟通不同语言的桥梁，能使通晓不同语言的人通过原文的重新表达进行思想交流。翻译是把源语的信息通过译语表达出来，使读者在读译文时也能够感受到原文作者最初想要表达的思想观点，从而使译文读者获得和原文读者大致相同的感受。

许钧认为，翻译是以符号间的相互转换作为手段、把意义再生当作任务的一种跨文化的交际活动。

以上简单介绍了国内外学者对翻译定义的各种见解，但不论何种定义，国内外学者都视翻译为文字之间的一种转换活动。这种文字间的转换过程主要有三个特征：第一，在翻译的信息和风格上面，尽量使翻译的作品与原语言作品具有同等的价值；第二，这种作品上的等值应尽可能地接近，而不只是追求形式，简单机械地生搬硬套，从而忽略掉一些更为重要的东西；第三，要注意各类作品在体裁等各方面的诸多不同，还要注意各类文体在个性等方面的差别。更值得注意的是，在翻译的过程中，翻译者的任务只有一个，那就是转换文字而不能随意更改原作品的意思。作品的准确性和表达性是翻译的两个要素。准确性，即译者必须严格地遵循原作者所表达的意思，选用的字词和句式结构也必须准确地传达原文所体现的思想，这是翻译作品的第一要求。表达性，即尽可能清楚准确地将原文的思想表达出来。译文思想的准确无误体现了翻译的准确性，而表达性则使译文更加生动、更具魅力。

（二）翻译的分类

不同学者对翻译具体的表述见仁见智，但是从本质上来说，翻译是用一种语言将另一种语言所表达的思想、内容准确完整地再现出来的行为。

1.约翰·卡特福德的翻译分类

英国语言学家和翻译理论家约翰·卡特福德从翻译的层次、范围和等级等角度对翻译进行了如下分类。

第一，根据翻译的层次，即语法、词汇、语音、词形等，可将翻译分为完全翻译和有限翻译两种。完全翻译指源语的语法和词汇被等值的译语的语法和词汇所替换；有限翻译指源语的文本材料仅在一个层次上被等值的译语文本材料所替换。

第二，根据翻译的范围，将翻译分为全文翻译和部分翻译。全文翻译指源语文本的每一部分都要用译语文本的材料来替代的翻译；部分翻译指源语文本的某一部分或某些部分是未翻译的，只需把它们简单移植到译语文本中即可。需要注意的是，部分翻译并非节译，而是某些词因为种种原因不可译或不译，只能将其原封不动地搬入译文。

第三，根据语言的等级，即词素、词、短语或意群、分句或句子，将翻译分为逐词翻译、直译和意译。

2. 雅各布森的翻译分类

美国语言学家、翻译理论家罗曼·雅各布森认为，翻译是用另一种语言解释原文的语言符号。他在《论翻译的语言学问题》一文中，从语言学和符号学的角度，将翻译分为语内翻译、语际翻译和符际翻译。

（1）语内翻译

语内翻译指通过同一语言的另一个符号对语言进行阐释。换言之，语内翻译指同一种语言的不同变体之间的翻译，如把古英语版的《贝奥武夫》翻译为现代英语，把文言文版的《史记》翻译为现代汉语，将广东话翻译为普通话，将行话译为普通的语言，等等。语内翻译是将一种语言文字通过相同的语言换一种说法，也就是重新阐释一遍。语内翻译是古语和现代语的转换、方言和民族共同语的转换以及方言和方言之间的转换。在英语学习中经常被用来解释疑难句子的 paraphrase（释义）也属于一种语内翻译，也就是同一种语言的内部翻译。

语内翻译不一定指向某一个预设的真理，可以不根据预设的真理来走，可以走不一样的路然后到达不同的目的地，但必须使相同文本的出发点一致。有时候，对于意指对象的语内翻译，不必将其完整、真实地呈现出来。语内翻译作为一种表现方式，体现着人们精神间的互相交流与沟通，而人类精神文化的创作过程也推动了人类文化的不断发展。

（2）语际翻译

语际翻译指的是用另一种语言符号去解释一种语言符号。换言之，语际翻译就是两种不同语言符号之间的口头或笔头转换，如把英语翻译成汉语、把汉语翻译成英语等。

实际上，语际翻译就是人们平时说的真正意义上的翻译，即狭义的翻译。有鉴于此，语际翻译也可以是不同的文化对原文本符号的不同解读，这种解读将所有的原文本符号都放置于一个宏观的文化背景或"非语言符号体系"中。对处在目的语文化中的源语文化符号进行准确阐释与传译是达到语际翻译对等的保证。一个语言符号的指示意义从符号学的角度来看包括三种，分别是语义意义、语用意义、句法意义。实现语际翻译的重点就是怎样准确地去表达这三种意义。

（3）符际翻译

符际翻译是指通过使用非语言符号系统对语言符号系统进行阐释。浙江大学的许钧认为，符际翻译是人类常用到的文字、语言、舞蹈、音乐、绘画等符号之间的翻译。一般情况下，人们掌握的符号越多，对符号间的翻译能力也就越强，感知世界的能力自然也就越强。

可见，符际翻译是在非言语层面上对原文本符号的解读。它要做的并非传达原文本的意义，而是传达对原文本最直接的感受，基于一些相关的物理特征而存在。由于英汉文化的不同，译文很难在长度以及标点符号的使用上对等，但不管怎样，在符际层面上至少要做到外观结构大致上的对等。

3.其他学者的翻译分类

在翻译研究发展的基础上，学者们还纷纷从其他角度对翻译进行了分类。根据翻译主体的性质或翻译的手段，可分为人工翻译和机器翻译；根据翻译所涉及的语言的形式与意义，可分为语义翻译和交际翻译；根据翻译的处理方式，可分为全译、摘译和编译；根据翻译客体的性质或翻译的题材，可分为文学翻译和实用翻译；根据译者翻译时所采取的文化姿态，可分为归化翻译和异化翻译。

由于翻译的存在，不同国家和群体的社会交往变得更加紧密。即使在同一民族范畴内，翻译活动的发展也能促进本民族思想的发展。翻译不仅仅是语言文字之间的转化，还带有很高的美学价值。翻译家需要在把握文本的过程中，对译文进行重新审读与创造，从而体现译者自身的美学追求与人文理念。

（三）翻译的标准

自从有了翻译实践活动以来，翻译的标准一直是翻译界探讨和争论的一个问题。在我国译学界，最为著名的、影响最为深远的翻译标准当首推严复于1898年首次提出的"信、达、雅"三字标准。但从翻译史来看，对于翻译标准的这一译学核心理论的探究，并非自严氏始。

严复以前的翻译家们在翻译佛经的过程中分别总结出了"直译求信""依实出华"等翻译标准，经历了从追求"信"到求"达"、求"雅"的发展演变历程。严氏的贡献在于把前人关于翻译标准的种种论述创造性地归纳为言简意赅的三字标准："信"是指译文要忠实于原文；"达"是指译文要符合译入语的表达习惯；"雅"是指译文应读起来非常优美，要能够传达原文的神韵。

严复以后的文人对翻译标准也进行了精彩的论述，例如，鲁迅先生认为：

"凡是翻译，必须兼顾两方面，一则当然是其易解，一则保存着原作的风姿。"此论不仅包括"达""信"之意，甚至还包括"雅"字。当代学者郭沫若也一直主张以严复的"信、达、雅"作为翻译的标准。傅雷主张的"重神似不重形似"，实际上亦与"信"的标准并行不悖。

在国外，译学界的前辈们也就翻译标准问题提出了各自的见解。例如，在18世纪90年代，英国著名翻译理论家亚历山大·弗雷泽·泰特勒在《论翻译的原则》中提出了评价翻译的三个基本原则：①译作应该完全再现原作的思想内容；②译作的写作风格和表达方式应该和原作保持一致；③译作应该和原作一样读起来自然、顺畅。

20世纪50年代，苏联学者费道罗夫在他的著作《翻译理论简介》中指出，最佳译文应该是既忠实又通顺的。20世纪60年代，美国翻译界首屈一指的人物——奈达提出了翻译的等值理论。该理论克服了传统的"信、达、雅"理论只能在定性方面提标准，却无法做定量分析的弊端，综合运用传统语言理论、结构语言理论，以及交际功能语言理论，对译作的价值进行定量定性分析。同时期，德国学者贾姆佩尔特提出了10条详细的翻译标准。其中，第9条规定，"译者永远都不要增加或删除任何内容"，而第10条却规定"如果需要的话，译者可以增加或删除某些内容"。可见，这是一种非常苛刻的、自相矛盾的翻译标准，但是，它也表达了一种可望而不可即的翻译的理想境界。难怪有人把翻译工作比喻为"戴着脚镣手铐在跳舞"。

鲁迅先生在翻译果戈理的《死魂灵》时也曾说："《死魂灵》很难译……真好像做苦工，日子不好过。……翻译时，字典不离手，冷汗不离身。译果戈理，颇以为苦，每译两章，好像生一场病。"他的话充分道出了译者在翻译时所经历的种种艰难和辛苦。

综上所述，中外翻译界一致认可的翻译标准就是"忠实和通顺"。忠实指忠实于原作的思想内容。译者必须把原作的内容用不同文化背景下的另一种语言完整而准确地再现出来，不能任意篡改或增删。内容通常指作品中所叙述的事实、描写的景物，以及作品字里行间所表达出的观点和情感。忠实还包括忠实于原作的风格，即原作的民族风格、时代风格、语体风格、作者个人的语言风格等。通顺是指译文语言必须顺畅易懂，符合语法规范。

（四）翻译的过程

翻译活动是一项复杂的思维活动，翻译的过程是正确地理解原文和创造性地利用另一种语言再现原文的过程，大体上可以分为阅读、理解、表达、核校四个阶段。

1. 阅读

阅读是指从书面材料中获取信息的过程。获取信息不等于我们理解了信息，所以要注意把阅读和理解区分开来。英语考试中有一种题型叫"阅读理解"而不叫"阅读"，正是这个意思。译者在翻译前所进行的阅读和普通的阅读是不一样的。当我们拿到待翻译的文献资料时，首先必须通篇阅读待翻译的文献，并对其进行分析，领会其内容大意。只有对翻译的文献内容了然于胸，才能正确把握宏观的语境，从而在大的语境之下将每个句子的意思正确解读出来。

2. 理解

在翻译中，理解是不同于阅读的。读者阅读时由于受自身的水平限制，对原文的理解或深或浅，甚至还有错误的理解，但是这些都无关紧要，因为这是我们个人的事情，不对其他人产生影响。但是，作为译者，必须认真理解原作的思想，对原文的理解稍有偏差，就会导致译文的不准确甚至是失误，产生差之毫厘、失之千里的结果。因此，理解原文非常重要。如果对原文理解得不深刻，或理解得不正确，所有的一切都无从谈起。

（1）理解要准确透彻

理解是翻译活动的基础，没有正确的理解，就不可能产生正确的译文。无论是英语还是汉语，每篇文章都有一个总体构思，文章中词句的含义都与整体内容密切相关。所以，理解原文首先要通读全文，领略整个篇章的大意以及篇章结构，而不是一拿到文章就开始一字一句翻译。在对全文有了大致了解之后，译者应着重理解一些比较难的句子或段落，包括仔细推敲词义、分析语法、明晰各分句之间的关系。正确的理解不能仅停留在表面，而要由表及里，也就是说要通过观察事物的现象来抓住事物的本质。一种语言想要表达一种思想总要使用一些词语、采取某种表现手法，使用这些词和表现手法的目的就是表达某种思想。理解不能仅看字面，有时字面看上去是一个意思，而实际上指的却是另一种意思。译者若看不出它们的内在含义（暗含意义或弦外之音），译出来的译文就会令读者费解。

（2）理解要靠上下文

只有认真阅读上下文，才能在一定的语言环境中理解得深刻透彻。从语言学的观点看，孤立的一个单词、短语或句子看不出它是什么意思，我们必须把它放在具体的语言环境中，结合一定的上下文才能确定它的正确意义。理解主要通过分析原文的上下文语义来进行，译者必须从上下文的关系中来探求正确的译法，所谓上下文可以是一个句子、一个段落，也可以是一节、一章，乃至全文或全书。对原文做透彻的理解是准确翻译的基础和关键。为了透彻理解原文，译者必须注意理解所译原文的语言现象（词汇含义、句法结构和习惯用法），理解原文与上下文的逻辑关系以及理解原文所涉及的事物及其背景。

（3）理解要靠广博的知识

人的一切活动都必然受到其所处的历史环境的影响和制约，所以人们理解任何事物都不是用空白的头脑去被动地接受，而是以头脑中固有的意识和知识结构去积极地参与。因此，译者要想完整地理解原文，就必须拥有广博的知识，又谓"杂学"，上至天文地理，下至各国的风土人情，都要有所涉猎。在实际翻译过程中，遇到自己所不了解的名人名言、成语典故、风俗习惯、典章文物、文坛逸事、机械器皿、动物植物等，都要细心研究，多查多问，先弄清后下笔，以免闹出笑话。

3. 表达

理解得正确透彻后，下一步就是表达。我们在这里先明确一个概念，理解正确不等于表达正确，正确的理解只是前提，一篇译文质量的好坏还要看如何表达。表达阶段就是译者把理解的内容用另一种语言重新再现出来。理解是前提，表达是关键，表达是理解的结果。表达有三点原则：①不失原意；②保持原文的风格特色；③符合译语习惯。这三者做得如何，会直接影响译文质量的优劣。因此，表达是整个翻译过程的关键。

4. 核校

核校是翻译的最后阶段，也是必不可少的阶段。俗话说："编筐编篓，全在收口。"但往往核校阶段是非常容易被人忽略的。核校可以在完成翻译后立即执行，也可以在翻译完成后搁置一段时间再进行。在核校阶段，译者应仔细对照译文与原文，核对一词一句乃至一节一章的意义是否相符合、功能是否相似、标点符号是否合适、数字是否正确、原文信息在译文中是否有遗漏之处等，万不可马虎。译者还应将译文通读几遍，再次从宏观角度把握译文的整体效果，不妥之处应再做修改，力争实现译文与原文在意义上的对等，在功能上的相似。当然，若有他人帮忙核对，换一双眼睛，从不同的视角以不同的观点审核译文，更有可能发现自己不易发现的问题，有利于译文质量的改进和提高。

核校是翻译过程的最后一步，也是理解与表达的进一步深化，是对原文内容进一步核实、对译文语言进一步推敲的阶段。核校的目的主要有两个：一是检查译文是否精确；二是检查译文是否自然、简练。国内外翻译学者都非常重视译文的核校工作，纽马克主张用来核校的时间应该是翻译所用时间的50%～70%。此外，在环境允许的条件下，译者可以朗读一下自己的译文，亲耳听一听译文，这对译文的修改也是很有好处的。通常情况下，译完之后至少需要核校两遍，第一遍对照原文着重核校译文的内容，第二遍着重润饰译文的文字。如果时间允许，再把已核校的译文对照原文通读一遍，做最后一次检查、修改，务必使所有问题都得到解决，这样的译文才算是定稿。

具体来说，在核校阶段应特别注意以下几点：①核校人名、地名、数字和方位等是否有错误；②核校译文中有无错漏、误译或不妥之处；③核校专业名词术语是否正确；④核校成语以及其他固化的表达结构，包括各种修辞手法和习惯表达；⑤校正错误的标点符号，使其符合目标语的语言规范；⑥力求译文没有冷僻罕见的词汇或陈腔滥调，力求译文段落表达自然、简练。

（五）翻译的价值

1. 社会价值

翻译的社会价值与时代的变化和发展共存。翻译的社会价值具体体现在翻译对社会交流与发展的推动作用上，它取决于翻译活动的社会性。此外，翻译的社会价值还在于对民族精神和国人思维的深刻影响，具体体现在以下两个方面：翻译有利于民族精神的塑造；翻译通过改造语言最终改造国人的思维方式。

2. 美学价值

翻译实践中的任何一部佳品都体现着译者对美的追求，是美学价值的呈现。翻译家许渊冲认为：求真是低要求，求美才是高要求。

对于严复的"信""达""雅"中的"雅"字，现代翻译学家赋予其新的含义就是要求译文应该具有美学价值。

3. 文化价值

就目前而言，人们对翻译的认识与理解也在不断深入与提高。因此，翻译的文化价值也备受重视，其文化价值指的是应该从文化的高度去认识翻译。翻译因人类相互交流的需要而生，促进文化交流也就成为翻译的目的或任务。一个民族或个人的文化价值观也会影响其对其他文化的态度。

4. 创造价值

从社会层面而言，翻译作为一种以交流为基础的社会活动，同时也为译者的创造力奠定了基础。

从语言层面而言，为了真正导入新的事物、观念和思路，文学语言艺术的翻译就是在源语的基础上对语言符号进行转换并创造的过程。

从文化层面而言，翻译中导入的任何异质因素都具有创新性。

5. 历史价值

纵观人类的文明发展史，不难发现历史的每一次重大进步与发展都和翻译有着密切关系。然而，翻译作为跨文化的人类交际活动也有着不可避免的历史局限性。翻译活动很大程度上受制于人类的认识水平等诸多因素。翻译的历史价值观包含以下两方面的含义：①可以基于人类的翻译实践去考察人类的历史发展进程；②可从历史发展的角度来看翻译活动不断丰富和发展的可能性。就具体的翻译活动来说，翻译对原文的理解和阐释都不是译者一次就能彻底完成的。在翻译实践中，我们既要清醒地意识到翻译活动的历史局限性，又要以辩证发展的眼光来看待这种局限性。

翻译是在社会发展、人际交流日益频繁和广泛的基础上产生的，它是不同国籍、不同民族的人们之间进行经济、文化和科技交流活动必不可少的媒介和催化剂。中国历史上曾经出现过的几次翻译浪潮充分证明了翻译的重要性。例如，两千多年前，佛经翻译就在中国出现并流行，此后，大量的佛经被翻译成中文，促进了佛教在中国的传播。中华人民共和国成立之后，翻译作品的质量和数量有了质的飞跃。全球经济一体化的发展趋势使得我们必须密切关注国际经济生活中出现的新情况、新问题，并及时做出反馈。就个人而言，越来越多的中国人走出去，或求学，或旅游，或经商；反之，到中国来旅游、投资、定居的国际友人也日益增多。上述这些活动都需要利用翻译这一重要的工具来进行。这充分体现了翻译在经济发展过程中的重要性。

三、文化与翻译的关系

（一）文化对翻译的影响

文化对翻译的影响主要体现在对翻译过程的影响和对翻译形式的影响两个方面。

1. 文化对翻译过程的影响

翻译不仅仅是单纯的两种语言之间的转换,同时还是不同文化背景之间的转换。可以说,文化对翻译过程有着重要的影响。

语言学家霍尔认为,翻译不但是两种语言体系的接触,而且是两种不同文化的接触,甚至是不同程度的文明的接触。翻译过程不仅由语言因素所决定,还由社会因素和心理因素所决定。

在具体的翻译实践过程中,译者需要考虑具体的交际语境,在文化共识的基础上,对译文进行有针对性的翻译,从而使译入语读者了解原文信息,明确作者所要传达的感情。

翻译主要包括理解和表达两个关键步骤,对文章的理解是译者进行翻译的前提,而表达是翻译的最终结果。这就是说,译者要从原文中找到和译入语文化背景相关的部分,针对原文中的文化特色,使用体现译入语国家的生活模式的语言进行得体翻译。在文化对翻译过程的影响下,翻译应该主要分为以下步骤进行:第一,准确分析和翻译源语中的文化信息;第二,考虑文化交流的目的;第三,进行译文文化传达。

文化对翻译过程的影响除了表现为原文文化对译文表达的影响外,还表现为译者自身的文化背景对翻译过程的影响。

2. 文化对翻译形式的影响

文化的强势和弱势对翻译形式有着不可避免的影响。这里所谓的文化强势和弱势既指某一文化领域的强与弱,也指文化整体上的强与弱。翻译什么样的作品、如何翻译,既受译者本身文化身份的影响,也视文化环境和文化背景而定,特别是会受强势文化的制约。翻译本身就是一种具有一定目的性和倾向性的文化活动。因此,翻译的对象经常是那些强势文化下的材料,这样翻译出来的作品才有更多的人愿意看。这一点在两种语言的对译中体现得尤为显著,同时在文学作品的对译中表现得更加明显。

例如,在历史上,罗马人征服希腊后,带着一种"胜利者"的心态,把希腊作品视为一种可以由他们任意宰割的"文学战利品"而对其进行随意翻译。

再如,在我国晚清西学东渐的背景下,《圣经》的翻译者就以来华传教的传教士为主体。面对晚清社会的落后与衰败,他们认为自己有义务拯救中国,拯救在他们眼中愚昧、未开化的中国人。但事实上,这种"善意的行为"是对我国进行的政治上与文化上的渗透。

(二) 翻译对文化的影响

1. 翻译对语言表达的影响

在全球文化交流日益密切的今天，跨文化活动的数量也急剧增加。文化交流主要是通过语言进行的，而不同语言之间沟通的桥梁是翻译。在翻译的作用下，不同文化之间的沟通往来更加密切。

2. 翻译对文学发展的影响

我国在1890—1919年经历的一次翻译高潮对文学发展产生了以下几个方面的重要影响：①大量的外国文学尤其是外国小说被介绍给中国读者，这使中国传统的知识分子开始承认小说的独特价值，并将其纳入文化领域，使其置身于诗词古文作品之间。②小说的翻译改变了我国传统的写作技巧。西方小说注重心理描写以及细腻的景色描写，这打破了我国传统的重意境渲染的文学写作风格一统天下的局面，对文学写作的多样化产生了巨大影响。③文学翻译还改变了我国旧有的文学观念，引入了新的思想内容，对我国新诗、话剧、白话小说的诞生与发展产生了巨大的影响，直接促进了我国文学发展的现代化。

翻译对世界文学的发展也有重大的影响。由于翻译的出现，不同国家的文学作品得以进行传播与交流，从而丰富了世界文学的发展。例如，由于很多优秀的外国文学作品被介绍到中国，中国读者了解到了不同的文化，同时吸收借鉴外来文化中的优秀部分，结合传统文化进行创作，提升了我国文学作品的品质。

3. 翻译对文化交流的影响

翻译作为一种跨文化交际行为，通常肩负着传播文化、丰富文化的使命，这也是翻译的意义与价值所在。翻译不仅促进与丰富了译入语文化的发展，而且也促进了不同文化之间的传播与交流。语言作为文化的代码，不仅具有认知表达功能，而且有储存文化信息和传播文化的功能。当人们用文字来表达某种思想或叙述某种事物时，不单是在进行知识的传播，也是在进行文化的传播，并且是多维文化的传播。而通过翻译这一中介，世界各地的文化得以传播、交流、融合，碰撞出新的火花，焕发出新的生机。

翻译不仅是作品之间的传播、文化之间的传播，同时还是一种文化交流活动。季羡林先生在为《中国翻译词典》所写的序言中明确指出："只要语言文字不同，不管是在一个国家或民族内，还是在众多的国家或民族间，翻译都是必要的，否则思想就无法沟通，文化就难以交流，人类社会也就难以前进。"从季羡林先生的表述中可以看出翻译对人类交流的重要影响。大体上说，翻译的实质是为了进行不同文化间思想的沟通与交流。翻译通过克服不同语言之间的障碍，改变语言的形式，进行文化意义的传达。

4. 翻译对文化变迁和整合的影响

文化变迁是指世界上任何一种文化都处在动态的发展和变化之中，都不同程度地经历着产生、发展、变化、衰退和再生的过程。所谓"翻译文化"，它是"文化翻译"的结果，可以从以下两个层面理解：一是指以翻译理论和实践为研究对象，并在对其进行研究的过程中所产生的文化，包括翻译标准、翻译方法、翻译批评等一系列与翻译研究有关的内容。二是从跨文化传播意义上进行理解，是指通过翻译而输入的源语文化或外来文化，以及该源语文化在与目的语文化融合后而产生的文化，即"第三种文化"，或"杂合文化"。这个过程是从输入到融合再到发展、从简单到复杂、从初级到高级、从一元到二元甚至多元的。其实，从文化翻译到翻译文化的过程，就是跨文化传播视野下从翻译开始到翻译产生效果后翻译功能的实现过程。

翻译传播具有对异质文化的整合机制。文化是整合的，指的是构成文化的诸要素或特质不是随意拼凑的，而是在大多数情况下相互适应或磨合共生的。人类文化的交流和传播是促使文化整合、生成新的文化结构和文化模式的关键因素。人类发展的历史可以说就是不同文化通过翻译不断整合的历史。在文本翻译中，文化信息整合的结果是使文化这个"有机体"不断发生改变。翻译的跨文化传播则是译入语文化变迁最普遍的也是最根本的原因。比如说，古罗马文化不仅仅继承和发扬了希腊文明，更重要的是，随着罗马帝国的向外扩张，它把同一种文明传播推广到整个西欧大陆，使西欧各国的文化以自己独特的方式发生着变化。

第二节 中西翻译观

一、中国的翻译观

（一）严复的翻译观

严复是晚清时期著名的资产阶级启蒙思想家、翻译家和教育家，被认为是近代中国翻译理论和实践的第一人。严复在《天演论》卷首的"译例言"中提出了著名的"信、达、雅"标准，成为中国翻译史上第一个明确提出翻译标准的人。具体来说，"信"要求译文忠实于原文；"达"要求译文符合目的语的语法规则以及表达习惯，无语病，字句通顺；"雅"要求译文的语句优美。总之，严复的"信、达、雅"标准是中国传统翻译理论的纲领和精髓，是中国传统翻译理论的里程碑，至今仍对翻译实践具有重要的指导作用。

但是，一些部分赞成者认为"信"或者"信、达"可以作为翻译标准，但是"雅"不能作为翻译标准；不赞成者认为，"信、达、雅"非常空洞，对翻译实践起不到指导性作用。当然，如果将严复的"信、达、雅"视作一个抽象的逻辑命题，从脱离时空的角度对其进行评论，那么得出的结论必然是偏颇的。如果将"信、达、雅"回归历史本位，从语言文化环境出发，对其进行考察，或许就会发现不一样的天地，也就是说这里主要从文化翻译的角度对"信、达、雅"理论进行阐释。

要想弄清其文化含义，需要分析"信、达、雅"的本质。对于这一理论，严复非常明确地点明了三者的关系，即"信"位于首位，翻译首先应该做到"信"，即对原作的思想内容进行忠实的传达。其次是"达"，即如果不通顺，那么就不能谈及翻译了。最后是"雅"，对于这个字的评论非常多。有人认为严复的"雅"指的是汉朝之前的字法、句法，因此是过时的，不能用于现代的翻译标准。这样理解失之偏颇，并没有从历史的角度对严复的"雅"进行准确的把握。学者陈福康认为，严复的"雅"从上下文来说，显然指的是译作要注意修辞，要有文采，这样才能流传。本书认为这种对严复"雅"的理解是全面的、准确的，与严复的本意是相契合的。

严复的"信、达、雅"中涉及了丰富的文化翻译思想，对于指导翻译实践意义巨大。严复的文化翻译思想概括起来可以总结为如下几个层面：①提出"信、达、雅"翻译原则。"信"是对原作思想内容的忠实，这是本义。"达、雅"是严复考虑英汉语言文化的特点与社会语境而提出的，是具体的翻译策略。换句话说，"达、雅"是严复为了实现翻译目的对译作展开的语言文化调节。②翻译目的明确。严复认识到西方国家的强大，不仅是技术层面的强大，更是思想观念层面的强大。他对西方文化的认知超越了技术层面，因此，他认为中国要想富强，就必须引进西方先进的科学思想，并将这些思想作为对中国人世界观加以改造的基础，作为人们思想启蒙的工具。③严复翻译的服务对象为封建士大夫阶层，他想通过自己的译作对这一阶层的思想加以改变。

(二) 鲁迅的翻译观

鲁迅是一位杰出的文学翻译家,他继承和发展了中国传统的翻译理论和翻译思想,是中国翻译理论的奠基人。

鲁迅对当时混乱的翻译状况进行了纠正,并把"忠实"放在非常重要的位置上,极力主张忠实于原文的直译法。此外,鲁迅对翻译理论和翻译思想的论述也对当时的翻译界产生了很大的影响。

鲁迅主张,翻译应该"以信为主,以顺为辅",反对只顺不信,也就是鲁迅所谓的"宁信而不顺"。鲁迅认为,在翻译时译者不仅要将新的内容输入进去,还要将新的表现手法输入进去,而其中的一部分会从不顺转成顺,那些彻底不顺的部分会逐渐被淘汰。鲁迅认为翻译应该综合中国翻译历史的经验,取其精华、去其糟粕,即不仅要尽量地输入,同时要尽量地予以消化,将那些可以运用的进行传承,将那些不可以运用的排除掉。鲁迅既主张"信顺",又主张输入新的表现手法,这就体现了他的"直译"思想,但是,他也并不排斥意译。

鲁迅提出的"易解、风姿"是翻译的标准,而"移情、益智"是翻译的功能,它们是鲁迅翻译理论的核心内容。鲁迅曾经这样说:"在动笔之前,要先解决一个问题,是要归化翻译,还是尽量保留洋气。日本译者上田进君主张采用归化翻译,他认为作品的翻译应该首先保证易懂。我认为应该是两样都需要的,如果要求易懂,还不如创作或者改作,将事情化为中国的事情,将人物化为中国人。如果是翻译,首要的目的应该对外国的作品进行博览,不仅仅要移情,还要益智,至少要知道什么时候发生了这件事,这就是所谓的洋气。"实际上,世界上并不存在完全归化的译文,如果有,从严格意义上说就不算是翻译。只要是翻译,就需要兼顾两个层面:一是易解;二是保留原作的风姿。但是这二者往往是矛盾的。

鲁迅的两面论不仅要求通顺,而且要求忠实。但是,这个忠实与"信"并不完全等同,从本质上说是广义层面的"信",即从内容到形式都是忠实的,是对原作的内容与形式这一不可分割的整体的忠实,是一种全面的忠实。

"重译"与"复译"是鲁迅的两个重要翻译思想,这两个思想击退了当时的乱译风,使我国的翻译事业健康发展。鲁迅所说的"重译"就是转译,任何的转译都有一个先天的弱点,即翻译本身不可避免地使原作与译作间隔了一层,而从其他文字译文进行转译,也无形中增加了一层,这就给译者设置了双重壁障。鲁迅提倡从原文直接进行翻译,这既是对作者的尊重,也是对读者的爱护。这是翻译历史发展的必然趋势。对于复译，鲁迅认为即便已经存在好的译本，进行复译也是非常必要的，译者可以取旧译本的长处，加上自己新的体会，译出一种近乎完全的定本。当然，随着时代的变迁，以后也会不断涌现出新的译本。翻译有没有"一劳永逸"的译本？有，但是极少。就文字来说，中国现在是不存在"一劳永逸"这一说法的，这就是说"一劳永逸"的译本也是不存在的，只能说存在更接近的定本。鲁迅对待复译很宽容，认为可以选取旧有的已经存在的译本的长处，并加以借鉴，然后加上自己的心得，进行再创造，重点在于译者要敢于超越。这也说明了一个道理：人类的文化总是基于原有文化进行逐渐积累的。

（三）林语堂的翻译观

林语堂是我国文学翻译家，他写了很多关于翻译理论的文章，其中，《论翻译》是比较系统和著名的长篇文章。在这篇文章中，他的翻译思想可以概括为以下几方面。①他提出翻译是一门艺术，翻译的艺术是基于以下三个原则的：译者对翻译标准有正当的见解；译者的国文程度能帮助其顺畅地表达；译者对原文内容有深入的了解。②他强烈反对"逐字翻译"和"翻译成语"，并且较早明确提出"上下文"的翻译思想。③他提出了"忠实、通顺、美"三个翻译标准。其中，忠实标准有"直译""死译""意译"和"胡译"四个等级，分"非字译""非绝对""须传神""须通顺"四项意义。

1. 忠实标准

在翻译标准上，林语堂提出了三个原则：忠实、通顺、美。这三个标准与严复的"信、达、雅"可以相媲美。同时，他从三个问题（译者的中文层面的问题；译者对待原作的问题；翻译与艺术层面的问题）与三重责任（译者对中国读者的责任；译者对原作者的责任；译者对艺术的责任）的角度对这三个原则加以论述。

林语堂的这三大原则虽然是从英汉翻译考虑的，但实际上也适用于汉英翻译。在这三大原则中，林语堂用大量的笔墨来描述忠实原则，这是因为当时翻译界有一场关于翻译的论战：直译与意译。"五四"运动以来，关于直译与意译的问题就没有停止过。面对这场论战，林语堂提出了自己的主张，他在《论翻译》一文中称死译为直译的"过激党"；而胡译是意译的极端形式，是意译的"过激党"。因此在对这一问题进行论述时，林语堂先生将死译与胡译刨除，而单单探讨直译与意译。

对于直译与意译，林语堂首先指出的是这两个名称本身是不恰当的，它们虽然便于使用，但是实在不中肯，其不仅不能表达出译法的程序，而且也容易让人误会。在这里，林语堂所说的容易让人误会指的是直译与死译、意译与胡译之间的界限并不明确，使得翻译时往往两重标准是同时使用的。当然，这一问题在今天的翻译界仍旧存在。林语堂对名称的否定也是失之偏颇的，因为直译与意译作为两种不同的翻译策略，至今仍旧被翻译界广泛使用。

由于林语堂对直译与意译概念的质疑，他提出了句译与字译的说法。他认为根据译者对文字的解法与译法，往往存在两种形式：以字为主或者以句为主，前者就是字译，后者就是句译。换句话说，字译就是字字对应，句译就是将句子视作一个整体，将单字的意思进行结合构成"总意义"。对于这两者，林语堂明确表示句译是对的，字译是不对的。因为字的意义是活的，随时随地会发生改变，是与上下文融会贯通的，如果仅仅是用字来解释字，这样不免会出现断章取义、咬文嚼字的现象。因此，他主张用句译来展开翻译。

对于忠实问题，林语堂指出字典是不可靠的，字的意义是根据用法来确定的，因此译者需要具备深厚的语文基础，而不是抱着字典来翻译。另外，对于忠实的翻译，林语堂先生还指出要传神，他认为译者不仅要确保意思的准确，而且应该做到传神。语言的用处并不仅是对意象的表现，而是要互通情感的，如果仅求得意思的明确传达，则很难使读者获得相同的情感。

林语堂在强调忠实原则之后还客观地指出：绝对的忠实是不存在的，因为译者在翻译时要同时兼顾音、形、神、意等各个层面是不可能的，也是不现实的。林语堂所提出的句译和字译概念是基于直译与意译建立起来的，是对其进行的全面总结与思考。因此，对于翻译研究与实践来说意义重大。但从另一个层面来说，林语堂对直译与意译的否定源自他对这两个概念的解读，显得过于片面与主观。这两对概念之间不仅有区别，而且是有关联的，因此句译与字译并不能取代直译与意译这两个概念。

虽然两组概念都是对翻译的语言与接受效果的强调，但是句译与字译更突显的是翻译理解与翻译单位，而直译与意译更突显的是翻译手段与翻译效果。因此，两者在概念上是存在交叉点的，而林语堂所提倡的句译在很多情况下属于直译，在有些情况下可能属于意译。

这两组概念之间的区别还在于林语堂所提倡的句译和字译是对立的关系，倘若字译的方法对，就是句译的方法不对（反之亦然），两者是绝不能兼容并立的。相反，直译和意译分属翻译的两种不同的手段和策略，在多数情况下，两者并不是取此舍彼的关系，而是相互关联与融合的，共同对翻译起作用。

2. 审美问题

在对翻译问题的研究中，审美问题也是林语堂关心的一个重要问题。翻译除了要忠实与通顺外，还需要注重审美。对于翻译审美问题，林语堂认为主要包含以下三个层面。

①翻译是一门艺术。译者在对小说、散文等文学作品进行翻译时，除了要关注忠实、顺达外，还需要关注原作美以及译作美的展现。

②艺术文翻译应该注意的问题主要包含三个层面：第一，将原作的风格看得同内容一样重要。林语堂认为，一部作品之所以说是优秀的，主要是原作的风格吸引读者的注意，因此对于译者而言，必须明确原作的风格，然后进行模仿。在对原文风格进行体现的层面上，林语堂还通过间接的方式表达出要对原作的风格进行忠实的传达。作为审美主体，译者必须具有与原作者同等的知识背景、气质性格与鉴赏能力。第二，考虑文字体裁的问题，并分别对内外体裁进行了描述。文字体裁一般分为外的体裁与内的体裁。外的体裁问题包含句子的长短问题、诗作的体格问题等；内的体裁问题包含作者的风度、作者的个性等。一般来说，外的体裁是文本的语言外在形式，译者是较为容易把握和了解的。相比之下，内的体裁则是语言之外的神韵与风格等抽象化的东西，因此对于译者有着较高的要求。林语堂首先强调了译者要体现原文的内在体裁应具备的条件，同时也客观地预见了其难度，所以他大胆而又创造性地提出了"不译亦是一法"，这在今天仍然具有现实的实践意义与理论意义，同时，这个观点也必然对他自己的翻译活动产生一定的影响。第三，翻译即创作。他引用了克罗齐"翻译即创作"这一说法，表达了自己对这个问题的态度与主张。

③艺术文是不可译的。林语堂在强调艺术文的不可译时，特别指出诗文的不可译。林语堂在其论文《论译诗》中表达了他对诗歌翻译的审美见解。他认为译诗应当做到意境第一，而"意境的译法，专在用字传神"。因为不同语言、不同作者创作的诗歌蕴含了不同的韵味、意境、韵律，其用字的精妙、整体的风格等往往是很难移植的。林语堂的艺术文不可译的观点同时也与他的"绝对忠实是不可能的"理论相呼应。

(四) 朱光潜的翻译观

朱光潜是一位有影响力的翻译家，同时是促进东方和西方文化、美学之间交流的先驱。

朱光潜反对直言和直译，认为"理想的翻译是文从字顺的直译"。他研究了一元论、二分法和翻译理论的哲学思想，对严复"信、达、雅"的翻译思想进行了哲学的探讨，为中国翻译思想史做出了重要贡献。此外，他将翻译看作一项"再创造"活动，这就是朱光潜著名的"研究什么，翻译什么"原则。他亲自实践此原则，成为译事典范。

（五）郑振铎的翻译观

郑振铎翻译了许多印度文学、俄罗斯文学、希腊文学和罗马文学。此外，他还翻译了德国的寓言，美国的短篇小说、故事、流行歌曲和欧洲的童话故事，还有丹麦的民歌，等等，涉猎非常广泛。在谈到翻译的功能时，他提出了翻译为"媒人"的观点。他认为，文学作品的翻译，如文学作品的创作一样可以指导中国现代人的生活问题。

（六）瞿秋白的翻译观

瞿秋白是最早翻译苏联文学的翻译家，是首先翻译《国际歌》的人。

此外，他还通过翻译俄罗斯民主主义革命时期文学和苏联的新文学来唤醒中国人民，取得了巨大的成就。瞿秋白不仅在翻译实践中引入了"对等"的翻译原则，而且在理论上也解决了"信"与"顺"之间的矛盾。译界公认他的翻译准确、流利、诚恳，是中国文学翻译的典范。

二、西方的翻译观

（一）佐哈尔的翻译观

从翻译对社会的影响来看，以色列学者佐哈尔在1979年首次提出了多系统理论，他被认为是"翻译研究学派"的先驱之一。他认为，文化、语言和文学、社会不是一种完全不同的元素的混合物，而是一种相关的元素体系。这些系统不是单一的系统，而是由多个交叉甚至重叠的系统组成的。在这种理解的基础上，他创造了"多元体系"这个术语。所谓的"多元体系"是指利用社会、文学和文学中相关制度的整合来解释文化中所有的文字。

（二）图里的翻译观

图里在希伯来文学的英译本中，在大量的描述性研究的基础上，以多元系统理论和描述性翻译理论为基础，形成了一套完整的翻译理论和方法。图里不仅从理论上分析了描述性研究对翻译研究的意义，而且对基于实践的实证方法的描述性研究进行了系统总结。

（三）勒弗维尔和巴斯奈特的翻译观

勒弗维尔和巴斯奈特共同倡导将翻译研究回归文化，并合作出版了《文化建设——文学翻译论语》一书，将翻译纳入文化建设的广阔视野。勒弗维尔主要研究意识形态对翻译文本重写的影响和操纵。他指出："翻译不仅是语言层面上的翻译，也是对原作文化层面的改写。"改写主要受内部和外部两个方面的影响：一是来自文学系统的内部，由评论家、教师、翻译家等所组成的专业人士，他们往往关心的是诗学；二是来自文学系统的外部，即拥有促进和阻止文学创作和翻译的权力的人和机构，即赞助人。在翻译过程中，译者的翻译策略主要受两个因素的影响，即译者的意识形态以及当时文学界占主导地位的诗学。然而，巴斯奈特的翻译思想主要体现在她对翻译研究本质的表达、翻译研究的范围和翻译研究的文化视野上。在她看来，翻译不是纯粹的语言行为，而是根植于深层文化的行为。翻译是文化与文化的交流。翻译等值是源语言与目标语言的文化功能的对等。

1. 勒弗维尔的翻译观

勒弗维尔注重文化与翻译的关系及文化对翻译产生的影响。勒弗维尔的翻译研究源于他对多元系统理论的兴趣。有些人认为他更像一个系统理论家，但是他对翻译工作更多是倾向于"文化转向"层面的。

勒弗维尔认为，重写的基本过程在历史研究、翻译、编辑工作中都会加以呈现。翻译是一种显著的重写，因为翻译能够将作者的形象反映出来，也能将那些超越源语文化界限的形象反映出来。

2. 巴斯奈特的翻译观

20世纪90年代，以苏姗·巴斯奈特为代表的"文化学派"开始对翻译中除了语言结构之外的其他因素进行研究与审视，研究从单一文本转向文化大视野。但是，在解决文学翻译问题时，这样的翻译方法却遇到了很大的困难。基于这些

中外文化翻译教学与人才培养研究

问题，巴斯奈特指出，文学翻译有着自身的特殊性，因此研究方法应该对翻译单位进行改革，即从句子、语篇等转换为文化。

在巴斯奈特看来，如果将文化与人的身体进行类比，那么语言就是心脏，只有身体与心脏结合起来，人类才会有动力，才能保持生机。当说明语言与文化的关系后，巴斯奈特对文化翻译的含义以及相关问题进行了进一步阐述，她认为翻译应该将文化作为基本单位，目的是通过翻译实现文化交流。因此，从巴斯奈特的观点中可以看出，翻译不仅是语言层面的交际行为，而且是一种文化上的交流手段，而之所以进行翻译，目的就在于交流。

除了将文化作为翻译的基本单位，文化翻译观的另外一层含义在于翻译不应该仅限于对源语文本展开描述，还应该实现源语文本在译语文化中的功能等值。在巴斯奈特看来，文本不同，其承载的文化所赋予翻译的功能也就必然不同。翻译的功能受两个层面的制约：第一，翻译所服务的对象。如果读者是面向儿童，那么翻译就要考虑儿童是否能够接受，因此在语言上应该尽量保证生动、简洁。第二，源语文本在源语文化中所承载的功能。受这两点的影响和制约，译者在进行翻译时，应该将不同的文化背景考虑进去，通过对源语文本进行解码，再进行重组，探求译语文化，实现与源语文化的功能等值。

在操作上，巴斯奈特指出文化对翻译有着不同的需求，并且这些需求与源语的性质有着密切的关系。如果源语文本为描述性的文本，那么译者应该尽量考虑源语文化而进行直译，如科技文献就属于描述性文本。如果源语为文学作品，那么译者在进行翻译时就有着一定的自由。

巴斯奈特的文化功能与奈达的功能对等理论有着某些共通性，但是也存在明显的区别。对于奈达来说，翻译指的是从语义到文体，译者用最贴近自然、对等的语言对源语加以再现的过程。相比之下，巴斯奈特认为翻译研究应该面向文化这一单位，将文化转换作为翻译的目的，译者应采用不同的文化功能对等来展开翻译。

可见，巴斯奈特不仅跳出了传统翻译方法以语义、信息为目标的模式，而且以更为宏观的手段对翻译展开了研究和探讨。

三、中西方翻译观的差异

现代西方翻译理论有着较强的思辨性，通常从一个抽象的概念或定义上升到大量具体的概念系统，该系统是严谨的、完整的，如奈达的翻译理论，包括六个主要方面，几乎涵盖了所有方面的相关翻译：理论原则、翻译的本质、翻译的功能、正确的翻译、语义分析与翻译的程序和方法。这个系统的概念是严谨的、好辩的，形成了一个完整的系统。奈达的翻译理论是西方科学翻译理论的基石。

在孤立的情况下，翻译理论家的理论倾向于碎片化，但如果在不同的时代，将不同的理论家从宏观的观点联系在一起，就会发现他们从不同的角度共同构建了一个完整的系统。罗辛章用八个字总结了中国的翻译理论及其历史发展，即"按本—求信—神似—化境"，这是很有见地的。

因为中国与西方翻译理论的概念范畴和推理方法的模糊或清晰的差异，零散化和系统化的理论体系的差异，必然会导致翻译理论的差别，前者的发展可以概括为"蜕变"，后者可以概括为"替变"。

"蜕变"是指新理论对旧理论的否定不是采取替代的形式，而是保留原有的体系和概念。自1896年以来，严复提出了"信、达、雅"的翻译标准，有支持者也有反对者，有要补充的，有要重新诠释的，但谁又能说他提出的理论超越了严复的翻译标准？一个重要原因是严复的翻译标准存在模糊性的概念范畴和演示方法，是中国几千年的文化和翻译理论的一部分，对它的理解以数千年的中国文化和翻译理论为参照系，因此不是推翻旧的标准，只是进行"蜕变"。

西方就不同了，任何人想建立自己的理论，必须理解翻译理论的研究现状，在前人的研究成果上探索新的边界，或指出当前的谬误理论。"替变"是指后者取代前者，新观念取代旧观念，新的思想体系取代旧的思想体系。

目前，我国的翻译研究正处于一个深刻的转型时期。借鉴外国翻译理论成为时代的潮流，而要借鉴外国理论资源，先要理解中国和西方翻译理论的精髓。只有掌握中西翻译理论的本质差异及其历史和未来的发展趋势，我国的翻译才能够有一个坚实的基础。

第三节　中西文化的渊源及差异

一、中西文化的渊源

（一）中国文化的渊源

中华民族长期以来主要生活在黄河流域、长江流域、珠江流域等沿河、沿江区域，人们在固定居所附近从事农业耕作，随时间的推移，通过长期积累沉淀形成了以农耕为特色的文化风俗体系。农耕文化将各类宗教文化和儒家文化集于一身，形成了自己独特的文化内容和特征，主要包括哲学思想、语言艺术、社会风俗、礼仪规范等。

中国传统文化充分体现了中华民族以"刚健有为""和与中""崇德利用""天人协调"为基本特点的精神形态。《周易》中的"天行健，君子以自强不息""地势坤，君子以厚德载物"充分体现了中国传统文化的基本精神。

长期以来，中国人形成了"重人伦，轻器物"的人治思想，"以道德为本位"的反功利主义的价值取向，"重综合，轻分析"的宏观处事原则，"重意会，轻言传"的谦和隐讳原则，"崇尚群体意识，强调同一性"的依附于集体合作的团队精神（如古代的家族家长制），"追求人与自然的和谐统一"的对立互补原则等。

1. 中国儒家文化

儒家对中国人的传统文化价值体系的形成所产生的影响最为深远，深入政治、经济和社会生活的各个方面。儒家对中国文化的主要贡献在于，它倡导的"三纲五常"对中国社会秩序的形成与发展产生了主要影响。儒家认为，人们在社会生活和交往处世的过程中要遵守"君为臣纲""父为子纲""夫为妻纲"的"三纲"；"仁""义""礼""智""信"等五种常见处世原则和"君臣""父子""夫妇""兄弟""朋友"等五种常见社会伦理关系，即"五常"。

同时，为了确定男子在社会事务中的地位，还规定了对妇女的要求，如"三从四德""未嫁从父、既嫁从夫、夫死从子"和妇德、妇言、妇容、妇功等。

以《论语》为代表的儒家学说有很多的有关社会秩序和社会关系方面的论述，如"父母在，不远游，游必有方""己所不欲，勿施于人""信近于义，言可复也。恭近于礼，远耻辱也。因不失其亲，亦可宗也；入则孝，出则悌，谨而信，泛爱众，而亲仁。行有余力，则以学文"等，都对中国的社会纲常秩序和家族制度的形成和维护、礼仪制度和行为规范的形成与发展产生了深远的影响。例如，复杂而有序的社交称谓和亲属称谓体系的形成就受到儒家理论的深刻影响，就亲属称谓来说，形成了以"父系称谓"为主干，以"母系称谓"和"妻系称谓"为补充的"内外有别、辈分有分、长幼有序"的复杂称谓体系。

2. 中国道家文化

道家主要关心的是修身与养性。道家的主要教义是"道可道也，非恒道也。名可名也，非恒名也。无名，万物之始也；有名，万物之母也。故恒无欲也，以观其眇；恒有欲也，以观其所徼。两者同出，异名同谓。玄之又玄，众眇之门"。道家教化人们要常从"无"中去观察领悟"道"的奥妙；要常从"有"中去观察体会"道"的端倪。"无"与"有"这两者的来源相同而名称相异，都可谓玄妙、深远。但"道"是玄妙之中的玄妙、深远之中的深远，是洞悉宇宙天地万物之奥妙与变化的门径。

道家认为，在盘古开天地以前，世界是混沌一片的，自从有了天地，世界万物便开始相互依存、相互制约、相互影响，强调事物的变化性、规律性以及不可感知性等特点。

道家对中国文化的影响主要是对立的思辨哲学观的形成。在道家的对立思辨理论的影响下，中国人形成了对立的思辨习惯、中庸的处事策略、谦逊的交际原则、向善的人文精神等。道家对中国的语言体系的形成也产生了深远的影响，衍生出了许多对应性、互补性反义词语，如阴与阳、好与坏、善与恶、难与易、长与短、高与矮、现实与虚无、漂亮与丑陋等。

3. 中国文化价值观

在中国文化的历史发展长河中，中华民族形成了自身独特的价值观，主要表现为以"仁爱、礼谦、顺从"为核心的道德价值体系，其主要特点如下。

第一，天人合一，顺天应物。中国文化认为人与自然是和谐一体的，将很多不能解释的自然现象归为天意，主张一切应顺应天意。

第二，家族伦理本位。中国文化中家族制度长期成为社会管理的重要组成部分，形成以家族为核心的社会群体，维护家族群体的利益是人们长期追求的目标，并且人们也受家族制度和规约的严格管束和限制。

第三，贵和尚中。中国人倡导"君子和而不同"的理念，追求中庸的处世原则和策略。

在中国社会里，人们往往看重言论的力量，这种理念成为中国文化的突出特点。人们推崇含蓄、隐讳的交流表达方式，注重权威人士的言论与看法，顺从旨意，喜好引经据典、旁征博引。

（二）西方文化的渊源

西方文化属于科学文化，而科学文化的特点是"重物质，轻人伦；价值取向以功利为本位；重分析，轻综合；重概念，忌笼统；强调人权，主张个人至上，重视特殊的辨识；强调人与自然的对立和人对自然的索取"。

1. 西方经济文化

位于两河流域的古巴比伦文明与尼罗河流域的古埃及文明几乎同时起步，埃及和巴比伦都是典型的农业社会。地中海上的航行把近东的农业技术经由爱琴海带入了西方世界，改变了西方社会的发展进程。也就是从这时起，欧洲大陆的人们开始尝试着从事农业生产，耕种和家养牲畜在中西欧也逐渐被推广。地中海的内陆可以充分利用这种农业技术，而周边的岛屿并不太适宜农业耕种。

古希腊是欧洲精神的故乡，地中海东部的克里特岛是西方文明的发祥地。几千年前，克里特岛进入新石器时代，有了初期的农耕和畜牧业。此后，农牧业生产力有了很大发展，但岛上土地越来越有限，迫使人们逐渐以捕鱼为生，同时从事海上贸易。特殊的地理环境使得他们不得不大力发展海上势力，航海业是克里特人经济活动中的一种最重要的行业。不幸的是，克里特文明突然没落，但是克里特人与内陆的希腊诸城邦一直保持密切的联系，克里特的成就又留给了希腊，希腊自此才开始了自己的发展。希腊多山多岛地形崎岖，土地贫瘠，冬季湿润，夏季干热，不适合农业耕作；但由于海陆交错，港口林立，且波澜不惊，海流助航，周边亚、非、欧大陆环绕着爱琴海，十分有利于航海经商。于是，航海、经商、做工成为平民的重要谋生手段。

2. 西方政治文化

在古希腊，相对集中的商品生产与经营打破了家庭独立生产体制，大批海外移民使血缘氏族社会解体比较彻底，个人取得了独立的经济、政治地位，商品经济诱发了平等、民主意识，是一种单子结构社会。城邦的本质就是许多分子的集合。以地缘政治为基础的希腊城邦公民社会，成为奴隶主阶级民主政治的基础。民主政治的政权在全体公民手中，而不是在少数人手中。解决私人争执的时候，每个人在法律上都是平等的。正因为政治生活是自由而开放的，彼此之间的日常生活也是这样的。在希腊思想史上，城邦的出现是一个具有决定性的事件，但是城邦经历了许多阶段和各种不同的形式。希腊社会与东方社会的根本区别在于城邦生活。希腊人城邦生活的独特之处在于"话语权"，也只有在希腊城邦，所有城邦公民才可以自由地参与公共生活、自由地表达自己的观点。城邦生活的另一个特征是，那些组成城邦的公民，不论他们的出身、地位和职务有多么不同，从某种意义上讲都是同类人。这种相同性是城邦统一的基础，只有"同类人"才能结合成为一个共同体。这样，人与人的关系便表现为一种相互可逆的形式，取代了服从与统治的等级关系。

在西方古代历史发展中，西方很早就走上了民主政治和法治社会的道路。即使在中世纪，因社会结构不同，最高权力也绝不可能到达"唯我独尊"的局面，反而是各个阶层相互妥协的产物，并通过宪法对最高权力的界线予以明确化。所以，统治者虽是万人之上却在法律之下，而法律乃神的意志。所以说，民主政治和法治思想在西方有深刻的社会历史根源。

3. 西方社会文化

西方"上帝观念"的产生主要有以下两个原因：一是工商社会中个人生存方式的孤独感使得个人需要向虚拟神灵求得精神的庇护；二是因果逻辑思维方式的超越精神。西方的商业文明孕育了西方先民的因果逻辑思维。

西方海洋民族的初始生存条件要比东方大陆恶劣得多。经商需要跨越荆棘丛生的高山峻岭和狂风恶浪，大自然似乎处处与人作对。此外，市场行情变化、生意场的险恶都促使人们去寻找"变"中的"不变"。西方早期就形成了"天人二分"的理性思维方式。万事有果必有因，于是因果思维方式产生了。人们关注事物现象背后的本质，探索战胜对手的对策，把握理论抽象的逻辑规律。理性思维方式是逻辑分析的方法。首先，把复杂事物的整体分解还原为部分，寻找各部分的特性因素；其次，建立逻辑认识体系，运用定义概念、判断命题，从已知现象推出未知本质。西方从此形成了强烈的理性传统。

综上所述，由于自然条件、生存方式不同，西方形成了商业社会，形成了公民城邦的民主政治模式，形成了因果逻辑思维方式。

4. 西方文化价值观

西方人的权力意识比较淡薄，这与西方的政治历史有着密切的关系，最典型的代表就是美国。美国受"三权分立"的影响较大，在以"三权分立"为准则的西方民主制度下，总统的权力受到了很大制约，加上美国法制健全、舆论监督体制发达，使得执政者上台执政多数是为了展示自己、实现夙愿或是为了维护某些政党或财团的利益。

西方崇尚的是个人主义，而中国崇尚的是集体主义，这就决定了中西方的社会人际关系观念有很大区别。在西方，很多人都是个人主义者，每一个人都与其他人彼此隔离，都是以"我"为出发点思考问题的。而在中国，儿童从小受到的教育就是每个人都是集体的一部分，要以"我们"为出发点思考问题。这就导致了个人主义者的人际关系的典型模式是"自愿的、短期的、往来不密切的",而集体主义者的人际关系的典型模式则为"非自愿的、长期的、往来较为密切的"。

二、中西文化的差异

(一) 静与动的观念性差异

中国文化属于静态文化,主张求静、求稳,注重情义,强调在和谐中竞争,例如,"得饶人处且饶人""不可赶尽杀绝"等观念,在语言表达方面体现为含蓄、隐晦。西方文化属于动态文化,主张求动、求变,注重规则,强调在竞争中和谐,例如,"First come, first served."等观念,在语言表达方面体现为坦率、直白。

(二) 过去与未来的取向差异

中国文化注重过去性倾向,强调历史和经验。例如,中国人对一个人的评价往往以其过往的业绩为评判标准。另外,"家有一老,如有一宝"等说法,以及如"老练""老谋深算"(精明干练,考虑问题周密)等词汇都是这一倾向的表现。西方文化注重未来性倾向,强调潜力。例如,西方人对一个人的评价往往以其才干为评判标准。

(三) 时间观念的差异

中西方在时间观念上存在差异,霍尔将不同文化的时间习惯划分为单元和多元两类。单元多指西方国家的时间观念,而多元一般指东方人的时间观念。单元时间文化认为时间是一条线,是单向的,因此在单一时间内只能做单一的一件事情。该文化成员做事严格按明确的时间表进行,并强调阶段性的结果。他们认为时间是有形的,是"金钱",因而讲究做事的效率。欧美文化是单元时间的典型代表。多元时间文化则认为时间是由点构成的,因此可以在一段时间内同时做多件事情。该文化成员做事往往比较随意,没有明确的时间表,只强调在最终期限内完成所有任务,并不看重阶段性结果。他们认为时间是无形的,强调"以人为本",不十分讲究做事效率。

(四) 空间观念的差异

所谓空间观念,是指人们在长期生活实践中逐步形成的、有关交际各方的交往距离和空间取向的约定俗成的规约以及人们在社会交往中的领地意识。相对于西方人来说，中国人的个人空间意识比较薄弱。原因是中国人长期处于人口稠密的拥挤环境中，长期以来人们已经适应了这种环境。而以美国为代表的西方人则正好相反，他们对个人空间的要求比较高。一般来说，西方人常年生活在地广人稀的宽松环境中，如果过于拥挤，西方人就会感觉自己的领地被别人侵犯。

（五）群体与个体的取向差异

中国文化强调群体的依赖性，例如，"团结就是力量""一个好汉三个帮"等表达；而西方文化强调个体的独立性，如西方社会在教育方面注重培养学生个体的兴趣和能力。价值观是一种后天获得的原则性集合体，它可以帮助人们做出抉择，化解冲突。价值观是由文化环境决定的，属于哲学范畴，可以分为个人价值观和文化价值观，其中文化价值观可以引导人们进行认知和交流。对文化价值观的了解可以帮助人们领会他人的行为及其含义，了解中西文化的渊源与差异，对有效的跨文化交流具有深远的现实意义。

第四节　文化差异对翻译教学的影响

一、文化差异对翻译的影响

（一）历史文化差异对翻译的影响

所谓历史文化指的是由特殊的历史发展进程和社会演变所积淀的人类文明。由于各个民族和国家的社会历史发展不尽相同，有时甚至差异巨大，因而形成的历史文化也往往大相径庭。这种历史文化的差异阻碍了语际转换的信息通道。差异越大，两种语言的鸿沟越难逾越。作为译者，应尽量熟悉源语和译入语这两种语言所反映的两种历史文化的方方面面，意识到差距出自何处，以何种手段加以表达才能为读者所接受。若缺乏这种敏锐的意识，那么在翻译中就会出现理解错误或表达不当等问题。

（二）地理环境文化差异对翻译的影响

由于所处地域、自然地理环境的不同，不同民族形成的思维方式及文化也有所不同。由于地理环境对各地的气候有着很大的影响，所以当地人们所使用的语言以及词语的含义也有着明显的不同。例如，汉语中的"东风"与英文中的"east wind"一词，虽然从字面上来看是相对应的，但其内涵是截然不同的。由于中国地形的特点是西临高山，东面是海洋，所以在中国人的文化意识中，"东风"喻指"春天"，象征着"温暖"。在英国，"东风"却是从欧洲大陆北部吹来的，所以"东风"在英国人的心中是"寒冷"的标志。英国人的"西风"却是从大西洋吹来的，和中国的"东风"有着相似的象征意义，所以英国人更爱"西风"。英国著名诗人雪莱的那首广为流传的《西风颂》的最后的名句就表达了西风的美好含义："O, wind, if Winter comes, can Spring be far behind?"（啊，西风，假如冬天已经来临，春天还会远吗？）如果不加注释，中国的读者是很难理解的，甚至会产生误解。

（三）社会文化差异对翻译的影响

1.思维方式

思维是人类大脑对客观现实的反映，是人类对客观世界的认知能力。思维以语言为表达形式，而语言则是思维的工具，是思维外化的载体。思维和语言处于一种相互作用、相互依赖的关系，其中思维对语言的作用是决定性的，思维方式的不同决定了语言表达形式的多样性。

由于民情、习俗、宗教、历史、生态环境不同，各民族可能会采用不同的思维角度来审视相同的思维对象或内容，进而采用不同的语言表达形式。例如，要表达"通过做某件事获得双重的益处"，汉语可以用"一举两得"或"一箭双雕"，而英语则可以用"to kill two birds with one stone（一块石头打死两只鸟）"。显而易见，尽管思维的内容大体相同，但由于思维方式不同，不同的民族在语言表达方面存在着显著的差异。英汉民族的思维差异具体表现在以下三个方面。

（1）抽象思维与形象思维

总体而言，英美人的思维方式具有较强的抽象性，而中国人的思维方式则具有较强的形象性，这种差异在语言方面的体现就是，英语大量使用抽象名词，而汉语较少使用表示抽象概念的名词。

（2）客体型思维与本体型思维

英美文化以客观事物为中心，重视向外探索、不懈追求的精神，将自然作为研究和征服的对象，进而形成了客体型思维方式。中国文化则以人文为中心，以人为本位，进而形成了汉民族的本体型思维方式，即以人为中心来观察、分析、推理和研究事物的思维方式。

客体型思维和本体型思维反映在语言形态上的明显特点是，在描述事物和阐述事理的过程中，特别是当涉及行为主体时，英语常用非生物名词作主语，而汉语习惯于用表示人或生物的词作主语。

（3）分析型思维与综合型思维

传统的英美文化强调"天人各一"，偏重理性，注重逻辑分析，在英语中体现为重形式，重理性，句式构架严整，表达思维缜密，行文注重逻辑，语言大多明晰客观、符合理性。受到儒家文化和道家文化影响的传统汉族思维方式注重"天人合一"，是一种朴素的辩证思维方式。综合型思维方式在汉语语言中表现为注重整体和谐，缺乏严格的逻辑性。

汉民族重综合和英美民族重分析的不同思维方式对英汉两种语言的结构形态产生了不同的影响。分析型思维方式使英语具有明显的词形变化、形式多样的语法形式以及组词造句中较为灵活的语序结构。综合型思维方式使得汉语无词形的变化，语法形式的表达主要依靠词汇手段，组词造句依据语义逻辑，动作发生的时间先后决定词语和分句的排列顺序。

2. 风俗习惯

风俗文化是指贯穿于日常社会生活和交际活动中由民族的风俗习惯形成的文化。毋庸置疑的是在我们的社会生活和文化交流中，尊重各自的风俗文化是不同民族顺利沟通的关键。不同的民族在打招呼、称谓、道谢等方面的习俗具有相应的民族特色。如中国人见面打招呼时常会说"你去哪儿？"或"吃饭了吗？"等。在中国文化里，这几句话并无含义，只不过是礼节性的、见面打招呼的一种方式。然而，西方人对这类问题很敏感。因为在他们看来这些纯属私事，别人是不能随便打听的，所以译者在翻译过程中要尽量忠实原文，必须注意译入语国家不同的风俗习惯，注意异民族独有的语言习惯，包括习语、谚语和俚语，并根据读者群体和目标语言的特点使翻译尽量贴切生动而不是逐字逐句地直译，不然就会造成错译、误译。

3. 价值观念

中国社会文化价值观推崇谦虚，在文章中经常可以看到"鄙人""犬子""拙文"等谦辞。而西方社会文化则推崇个人表现，展现个人的自信，故很少有这类自谦的用词。

（四）物质文化差异对翻译的影响

物质文化包含的内容非常丰富，涉及衣食住行用各个方面，如饮食、日用品、服饰着装、生产工具和设施等。中西方的物质文化有着巨大的差异，这些差异给翻译带来了不小的困难。

就饮食习惯而言，西方人常以蛋糕、面包等为主食，而中国人主要吃大米、面食等。因此，如果将"a piece of cake"按汉语的习惯译为"蛋糕一块儿"，肯定会令人费解。因为蛋糕是英美人生活中极为常见的东西，制作蛋糕和吃蛋糕都是小事一桩；而对中国人而言，尽管蛋糕并不是稀有的东西，但却很少自己制作，并且制作起来也有一定困难，因此将其译为"小菜一碟儿"比较妥当。

就服饰着装而言，中西方也有着明显的差异，这些差异背后往往意味着对应词汇、表达的空缺，为翻译工作带来了巨大的困难。

就物品、工具、设施等方面而言，由于物质文明发展的不均衡，有些物品、工具、设施可能在一个国家存在，而在另一个国家不存在或发展不成熟，这些有着强烈地域色彩的词语就很容易导致误译。例如，在西方国家，汽车的使用很广泛，所以很早就有了"road-side business"这个词语，其真正含义是"汽车旅馆""汽车电影院""汽车饭店"，但若按字面意思理解，就容易被误译为"路边商业"。另外，"tea-shop"的字面意思虽然是"茶叶商店"，其真正含义却是"小餐馆"。

总而言之，在翻译的过程中，物质文化差异对翻译的影响也是不容忽视的，只有了解了物质文化之间的差异，才能更好地进行翻译，进而实现不同民族间文化交流的目的。

二、翻译教学中的文化差异问题

（一）文化误译

文化误译是由文化误读引起的，是指在本土文化的影响下，习惯性地按自己熟悉的文化来理解其他文化。文化误译是中国学生在英汉翻译中经常出现的问题。

可见，在翻译教学中，教师应引导学生不断地扩充外语文化背景知识，要求学生在翻译时根据具体语境，并结合文化背景，准确地理解原文的含义，然后选择恰当的翻译技巧进行翻译，切忌望文生义。

在句法上，汉语造句注重意义连贯，句子形式可根据表意需要加以变通，较为随意，即汉语重意合。相比之下，英语造句对结构有着严格的要求：句子不仅要完整，而且还要注重形式接应，句子的形式严格受到语法的制约，即英语重形合。因此，在句子翻译层面上，译者必须考虑到英汉句子衔接方式的不同，从而使译文更加符合目的语表达习惯。

习语是一个民族文化的积淀和人民智慧的结晶，有着明显的民族性，因此英汉两种语言中的习语也存在着很多形似而意悖的现象，所要表达的意思与其字面意思往往没有直接的关系。因此，习语的翻译往往要求译者对习语本身有十分透彻的理解，否则就很容易产生误译。

修辞是语言表达艺术化的一个重要方法，在文学作品和日常生活中多有涉及。很多修辞格虽然同时存在于汉语和英语中，但在具体使用上总是存在或多或少的差异。这些差异就对翻译造成了不小的障碍。

（二）翻译空缺

翻译空缺是指任何语言间或语言内的交际都不可能完全准确、对等。更何况，英汉语言分属不同的语系，翻译空缺现象在英汉语言交际中表现得尤为明显，给翻译的顺利进行带来了障碍。在翻译教学中，教师应该提醒学生注意这一现象。

尽管不同语言之间存在一定的共性，但同时也存在各自的特性。这些特性渗透到词汇上，就会造成不同语言之间概念表达的不对应。这和译者所处的地理位置、自然环境、所习惯的生活方式、社会生活等相关。有些词汇空缺是因生活环境的不同而产生的。例如，中国是农业大国，大米是中国南方主要的粮食，所以汉语对不同生产阶段的大米有不同的称呼，如长在田里的叫"水稻"、脱粒的叫"大米"，而煮熟的叫"米饭"。相反，在英美国家，不论是"水稻""大米"还是"米饭"都是同一称呼。语言是不断变化发展的，随着历史的前进、科技的进步，新词汇层出不穷。因此，教师在英汉翻译教学中要特别注重词汇空缺现象的渗透，要求学生认真揣摩由词汇空缺带来的文化冲突，指引其采用灵活的翻译方法化解矛盾，翻译出优秀的文章。

英汉语义空缺是指不同语言中表达同一概念的词语虽然看起来字面含义相同，但实际上存在不同的文化内涵。以英汉语言中的色彩词为例，它们在大多数情况下都具有相同的意义，但在某些场合，表达相同颜色的英汉色彩词却被赋予了不同的含义。因此，教师在日常的翻译教学中要不断提醒学生注意语义空缺现象，遇到空缺时尽量寻求深层语义的对应，而不是词语表面的对应。需要说明的是，语义空缺还表现为语义涵盖面的不重合，即在不同语言中，表达同一概念的词语可能因为语言发出者、语言场合等的不同而产生不同的含义。例如，英语中"花"除了作名词，表示"花朵"以外，还可以作动词表示"开花""用花装饰""旺盛"等含义，而这种用法是汉语中的"花"所没有的。相应地，汉语中的"花"作动词时常表示"花钱""花费"等含义，这也是英语中所没有的。可见，英语中的"花"和汉语中的"花"表达的基本语义虽然相同，但在其他用法中，二者差别极大。因此，教师应引导学生注意词语在语言交际中产生的实际语义，从而在翻译时实现语义空缺的弥合。

三、文化差异下的翻译教学策略

文化上的差异对翻译有着极大的影响，它决定着翻译的准确性和合理性。因此，进行翻译时，译者不仅要通晓两国的语言文字，而且要深刻理解两种文化之间的差异以及这些差异对语言理解的影响，并采用适当的翻译方法，这样才能使原文和译文达到语言意义和文化意义上的等值。

（一）加强跨文化意识培养

语言其实是文化的一种生成物，必须依靠文化而存在，不同语言间的沟通和交流，本质上就是两种文化间的交流，因此，翻译不能单纯地局限在简单的语言文字切换上。如果想要精准地传递原文的含义，就应强化中西文化差异教学，让广大学生全面、深入地认知和了解西方文化，以此来树立他们的跨文化意识。

（二）采取相对应的翻译方法

在实际翻译教学中，应积极引导学生展开深入研究，充分确立翻译对策，从文章、语句、词语切入，全面分析语法差异，进而逐步提高学生的翻译能力。外语承载的文化特点会有部分重叠、全部重叠、缺失以及冲突矛盾的地方，在具体翻译时，译者应结合特定情况来选择异化策略。相对于异化翻译法，归化策略往往更能精准地表达原文的含义，其形式也比较自由。

（三）培养文化移情能力

文化移情是指当面临文化差异问题时，翻译人员应积极主动地站在目的语文化角度来分析具体问题，以目的语文化的思维模式探索问题，可以有针对性地摆脱以往本土化思维模式的约束，跨越过去的思维定式，以便更加深刻、真实地体会到目的语文化。这种文化移情能力是决定翻译人员是否可以顺利跨越文化差异这道鸿沟的关键。出色的文化移情能力，将会使其突破本土文化、传统思维模式的限制，实现语言之间的自如切换。

第二章 中外文化翻译教学的理论建构

作为一门交叉性的学科，中外文化翻译教学的发展离不开相关的教学理论。教学理论建构是翻译教学必不可少的环节，能够在实际教学实践中解决教学的理论问题，以便在实践中总结出更多教学经验。这里从不同的教学理论入手，深入分析中外文化翻译教学的相关基础。

第一节 中外文化教学的理论基础

一、人本主义理论

人本主义心理学是20世纪五六十年代兴起的一个心理学派。该学派认为，人性本质上是善的，只要后天环境得当，就会自然地成长。研究人，必须以整个人为对象，同时，每个人都有他自己的需求和意愿，有他自己的能力和经验，有他自己的痛苦和快乐。基于此，人本主义心理学在教育上的意义是，不主张客观地判定教师应教授学生什么知识，而是主张从学生的主观需求着眼，帮助学生学习他喜欢而且认为有意义的知识。

（一）马斯洛的"自我实现者"

人本主义心理学的代表之一——马斯洛研究了人的不同层次的基本需要。他认为人类的多种需要，可按其性质由低到高分为五个层次，分别是生理需要、安全需要、归属与爱的需要、尊重需要和自我实现需要。

马斯洛认为，各层次需要之间不但有高低之分，而且有前后顺序之别，只有低一层次的需要获得满足之后，高一层次的需要才会产生。同时，居于顶层的自我实现需要对以下各层需要均具有潜在的影响力量。个体生存的目的是追求自我实现。

在马斯洛看来，对应需要层次，共有五种人格，分别是生存人格、安全人格、归属人格、自尊人格和自我实现人格。其中，"自我实现人格"意味着人的创造性潜能得到充分实现，处于五种人格的最高层。马斯洛认为，尽管只有少数人能最终发展并培养出自我实现人格，但大多数人都会在某些时刻，短暂地达到自我实现人格层次，并总体趋向该人格发展。马斯洛通过对59名调查对象的研究，总结出了具备自我实现人格的15个特征：①对现实更有效的洞察力；②对于自我、他人和自然的接受；③行为的自然流露；④以问题为中心；⑤超然独立的特性；⑥对于环境的相对独立性；⑦欣赏的时时常新；⑧较多的高峰体验；⑨深沉的社会感情；⑩精粹的私人关系；⑪民主的性格结构；⑫区分手段与目的；⑬富于哲理的、善意的幽默感；⑭创造力；⑮对于文化适应的抵抗。

（二）罗杰斯的"意义学习"

另一位人本主义心理学者罗杰斯认为，可以把学习分为两类，它们分别处于意义连续体的两端。

一类学习类似于心理学上的无意义音节的学习。学习者要记住这些无意义的音节是一项困难的任务，因为它们是没有生气、枯燥乏味、无关紧要、很快就会被忘记的东西。所以，它们一方面不容易学习，另一方面又容易被遗忘。在罗杰斯看来，学生在课堂里学习的内容，如果对学生无个人意义，那么这类学习只是涉及心智，是一种"在颈部以上"发生的学习，它不涉及感情或个人意义，与完整的人无关。

另一类是意义学习。所谓意义学习，不是指那些仅仅涉及事实累积的学习，而是指一种个体的行为、态度、个性，以及在未来选择行动方针时发生重大变化的学习。这不仅是一种增长知识的学习，而且是一种与每个人各部分经验都融合在一起的学习。

罗杰斯认为，意义学习把逻辑与直觉、理智与情感、概念与经验、观念与意义等结合在一起。以这种方式学习时，就形成了一个完整的人，即成了能够充分利用所有阳刚和阴柔方面的能力的人。他认为，意义学习主要包括四个因素：①学习具有个人参与的性质，即整个人（包括情感和认知两方面）都投入学习活动中；②学习是自我发起的，即使在推动力或刺激来自外界时，也要求发现、获得、掌握和领会的感觉是来自内部的；③学习是渗透性的，也就是说，它会使学生的行为、态度,乃至个性都发生变化;④学习是由学生自我评价的,因为学生最清楚这种学习是否满足自己的需要,是否有助于帮助其得到想要的东西,是否明了自己原来不甚清楚的某些方面。

罗杰斯指出,教材必须符合学生的生活经验,因为只有增进了他的生活经验,才有助于实现他的生活目的,如升学或就业。罗杰斯还认为,只有全身心投入的学习,才会对学生产生深刻的影响并产生良好的效果。这样才会启发学生的心智,提升其求知能力,培养其学习兴趣,从而使学生喜爱知识,而且学生将因获得成就感而更加努力。这种学习可帮助学生达到知、情、意三者并重的教育目的,是最持久的、最深刻的。

二、文化认同理论

海外著名学者科利尔和托马斯于1988年提出文化认同理论模型。与交际认同理论一样,文化认同理论不同意那种把文化认同看作独立的变量和先验性事物的观点,认为它是人们在跨文化交际中形成和管理的多重身份之一。该理论从跨文化交际和文化的定义入手,借助系统理论的框架,对文化认同做解释性的分析。

文化教学研究常常把文化差异界定为先验的现象,然后依据文化认同来预测文化教育行为。这种方法的优点是它给予我们确定的参照点,便于进行跨文化比较,但它的缺点是对文化的分类过于简单化。相应地,它对文化认同的分析往往流于肤浅或陷入误解,对何为跨文化交际以及交际者的认识也较为模糊。因此,科利尔和托马斯聚焦交际双方的话语,从解释学视角探究两者之间的互动,揭示文化教学中认同建构的动态过程。

文化认同理论的起点是对跨文化交际和文化概念的界定。何为跨文化交际?科利尔和托马斯认为,跨文化交际是指认同于各自特色文化的交际者相互之间的交往。人际交往也涉及交际者的独特性,但它主要指交际个人的与众不同。跨文化交际则涉及文化框架,即整个文化参照背景的不同,其关注的焦点不在于个体差异,而在于交际者所代表的文化系统的偏差以及两种文化体系中规则与意义的区别。跨文化交际的主要标识是交际者的认同,如果两个交际者认同各自的文化,并且以各自文化代言人的角色进行交流,他们之间的交际就可以被定义为跨文化交际。

文化认同理论提出,话语是判断文化认同和身份归属的关键因素。这个观点立足于该理论对文化的理解之上。交际认同理论承袭解释人类学大师格尔茨的狭义文化观，把文化界定为"由历史传播的符号、意义和规范系统"。它强调文化传统以及人类互动如何变成话语文本的过程，凸现了交际代码的系统性。交际认同理论厘定的文化包括族群特性、性别、职业以及其他任何与个人密切联系在一起、具有重要意义的符号系统。它分为两个层面：一是规范性层面，亦即道德层面；二是构成性层面，亦即意义层面。规范性层面的文化体现在行为模式和社会规则中，如社会庆典、礼仪禁忌或交谈的程序等；构成性层面的文化体现在隐喻、故事、神话以及各种社会符号系统中。每个文化的核心符号以及由它们所构成的意义系统是该文化与其他文化区别开来的关键因素。

文化认同理论的文化观源自解释人类学，有其解释学的认识论和本体论的基础。它认定，跨文化对话者的行为与话语中的解释相互作用，这些解释以具有能够被解读的规范形式和符号结构的话语文本出现。在认识论上，科利尔和托马斯赞同格尔茨的观点，认为本土人的解释最能揭示文化认同，最可靠的证据来自民族志——对本土文化的事件和习俗所做的忠实、细致、深入的描述。

鉴别文化认同的有效手段是观察那些宣称自己归属于不同文化群体的人存在哪些系统的相似性和差异性。如果两个交际者虽然存在某些差异，但他们有共同的谈话主题，遵循共同的规则，能够在意义上达成共识——有主体间性，那么他们就同属于一个文化群体；反之，倘若他们虽然有一些表面的相似之处，但却没有本质上的共性，他们就不属于同一文化群体。

在本体论方面，文化认同理论断言，无论在哪里人们都在商谈认同。换句话说，认同随语境的变化而变化，交际者在不同的语境中会选择不同的认同。认同只能出现在各种具体的情境之中，并且被话语所建构。在文化认同理论的哲学观中，主体间性和商谈是两个关键概念。主体间性使私有知识能够从一个主体传输到另一个主体，社会意义之网由此而被编织出来；与此同时，交际者的认同在意义系统中通过商谈而得到了确立。基于上述认识，文化认同理论提出了以下两个基本假设。

假设1：人们在话语中商谈的多重身份。

假设2：涉及属于不同文化的话语系统的交际就是跨文化交际。

交际认同理论选择规则／系统作为其基本分析框架。它植根于系统理论，涵盖系统、跨文化能力和规则三个主要概念，其用意是为在各种语境中系统化分析意义提供一个方法。在中外文化教学中，教学者要在交际认同理论的基础上积极推进学生口语表达和交际能力的提高。

三、文化适应理论

为什么学习者在第二语言习得速度和成效方面存在着显著的差异？为什么第二语言习得过程中会出现早期僵化和洋泾浜化现象？美国学者约翰·舒曼的文化适应理论旨在从社会环境因素和学习者个人心理因素两个方面对这些问题做出回答，从而为学习者进一步理解第二语言习得规律创造有利的习得外部环境，为他们克服习得过程中不利的心理因素提供有益的理论依据。

20世纪七八十年代，第二语言习得研究向纵深方向发展，研究方向从初期对学习者语言的纯粹描述逐渐转移到对习得规律的探索和解释。解释的主要兴趣集中在习得的动力机制和组合机制上，即习得为什么发生和怎样发生。舒曼的文化适应理论正是在这种学术背景下诞生的，并成为安德森、贾尔斯和拜恩等人从认知学和社会心理学角度进一步探讨习得模式的理论基础和行动先导，为习得理论的丰富和发展做出了积极的贡献。

文化适应是对一种新文化的适应过程，是对新文化的思想、信仰和感情系统及其交际系统的理解过程，是学习者与目的语社团的社会和心理结合。文化适应是第二语言习得理论中的重要概念，这是因为第二语言习得是文化适应的一个方面，学习者对目的语社团文化的适应程度将会制约他的第二语言水平。

语言学家布朗把第二语言习得过程中的文化适应分为四个阶段：一是最初接触新文化时的兴奋感和幸福感；二是文化震惊，以及由此产生的对目的语文化的生疏感和抵抗情绪；三是逐渐舒缓的文化紧张；四是同化或对新文化的适应。

舒曼把文化适应按学习者与目的语社团的结合方式分为两类：第一类，学习者把目的语社团作为参照系，希望被它的生活方式和价值观念完全同化而成为目的语社团中的一员；第二类，学习者仅希望与目的语社团进行社会结合，心理上对它的语言开放，但不愿被它的生活方式和价值观念同化。舒曼强调，这两种文化适应均能有效地促进第二语言习得的发展。

社会距离和心理距离是文化适应理论中的两个基本概念。

（一）社会距离

社会距离指学习者社团相对于目的语社团而言的地位，或学习者被目的语社团容纳并与之接触的程度。社会距离由体现学习者社团与目的语社团关系的一系列社会因素所决定，主要包括以下几方面。

第二章　中外文化翻译教学的理论建构

①社会显性，指在政治、经济、文化、技术等领域里，学习者社团与目的语社团的地位是平等的，不是一方优于另一方。

②结合方式，指学习者社团是被目的语社团同化，还是保留自己的生活方式和价值观念，或是二者兼顾，既适应目的语文化，又在自己的生活圈子里沿袭自己的文化方式。

③封闭性，指两社团被各自的学校、教堂、医院等社会设施隔离的程度，封闭性有高与低之分。

④凝聚性，指学习者社团以圈内交往还是以圈际交往为主，前者具有凝聚性，后者则无凝聚性。

⑤学习者社团规模的大小。

⑥文化和谐性，指两社团文化是相近的还是相异的。

⑦社团的态度，指两社团对彼此所持的态度是肯定的还是否定的。

⑧打算居留时限，指学习者社团打算在目的语地区居留时间的长短。

舒曼认为，学习者与目的语社团之间的社会距离是制约文化适应程度和第二语言习得水平的主要原因。这是因为，决定社会距离的各种社会因素可以影响学习者的动机、学习者对目的语及其社团的态度、目的语输入的品质和数量以及总体学习环境的优劣。如能带来"优质的"学习环境及质和量均合乎要求的目的语输入的社会因素应具有以下特征：学习者与目的语社团的自我封闭性小；学习者社团规模不大且缺乏凝聚性；两社团的文化冲突不大；两社团对彼此有好感；学习者社团打算在目的语地区长期居留。若上述各社会变量呈现出相反的特征，如当学习者社团自视社会地位优越或低贱时，"劣质的"学习环境便会产生，对文化适应和语言习得构成障碍。

（二）心理距离

心理距离指学习者个人对目的语及其社团的总体心理感受，它与个体学习者对学习任务的适应程度有关，属于个人情感变量。心理距离主要由以下几种心理因素决定。

①语言震惊，指学习者在使用目的语时所体验到的困惑和恐惧。

②文化震惊，指学习者在接触一种新文化时所产生的焦虑和失落感。

③动机，指学习者学习目的语的目的，以及为达到该目的而做出的努力。舒曼沿用加德纳与兰伯特的分类法，把动机分为结合型和工具型两种。持前一种动机的学习者对目的语社团有特殊兴趣，期望参与或融入该社团的社会生活，而持

后一种动机的学习者则仅为达到某一具体目的而学习目的语，如通过某一考试、获得某一职位、出国深造等。

④自我透性，指学习者的语言自我的塑性和僵化程度。语言自我是文化学习者在母语习得过程中逐步建立起来并具有保护性能的一种心理屏障。

舒曼认为，在自然语言环境下习得第二语言时，心理因素的作用不如社会因素明显。心理因素主要是在社会距离难以确定，即社会因素对文化适应不构成积极的或消极的影响时才发挥作用。如在文化教育环境下，学习者不能与目的语社团直接接触，反映两社团关系的社会因素对文化适应的作用变得模糊，学习者个人对目的语及其文化的心理感受，即心理距离的作用可能变得更加突出。这时，如何帮助学习者克服语言和文化震惊，选择合适的学习动机，跨越语言自我的心理屏障便成为文化教育工作者需要重点考虑的问题。

四、文化输入与输出理论

（一）文化输入理论

美国语言学家克拉申的语言输入假说把语言学理论和语言教学结合起来，在教学界产生了广泛的影响。

输入假说是中外文化教学研究中最有意义的假说之一。"输入假说"的主要观点有以下几点。

第一，输入第一性的观点。克拉申强调，语言输入（听力活动）对语言习得最为重要，是第一性的。语言习得是通过理解所输入的语言信息（听力理解）来实现的。语言输入是语言习得的首要条件，只有大量的语言输入才有可能促进语言习得的发生。语言结构是在自然的语言交际过程中习得的。只要提供足够数量和适当形式的语言输入，语言结构、语法知识的获得以及语言输出（说）就会自动产生。

输出在语言习得中常常是没有必要的，过早地说甚至是有害的。输出只表明语言习得已经发生，是习得的结果而非原因，它并不直接促进语言习得。输出的作用也许只是给学习者本身提供一种输入而已。他举出沉默期（儿童在习得语言之前会有很长一段时间保持沉默，这段时间被称为语言学习的沉默期）的例证，认为在沉默期间，儿童通过听来形成自己的理解能力，一旦有了理解能力，他们就能开口说话了。因此，他认为输出对于语言习得而言是不必要的，也不必刻意学习。

语言教师也不必特意按照自然顺序逐阶段讲解语言结构，也不需要教学习者

第二章　中外文化翻译教学的理论建构

如何说话，教说话的最好办法是给他可理解的输入，因为充足的可理解性输入会自动为学习者提供适量的下阶段语言结构和复习这些结构的机会。

第二，可理解性输入原则。克拉申认为，人类获得语言的唯一方式是对信息的理解，也就是说，人类是通过吸收"可理解的输入"习得语言知识的。

语言结构是在自然的语言交际过程中习得的，而在自然的语言交际过程中，并不是所有类型的输入都对语言习得起作用。只有当学习者接触到的语言材料是"可理解的"，才能对第二语言的发展产生积极作用。如果信息没有意义（就像课堂教学中有时所出现的那样），或者由于某种原因学习者不理解，就不可能产生学习效果。

第三，$i+1$ 输入原则。克拉申认为除了获得可理解的输入以外，习得产生的另一个条件就是学习者所获得的语言输入既不能过难也不能过易，而应当稍高于学习者当前的语言水平。克拉申用"$i+1$"来表示应输入的语言难度。"i"代表学习者目前的语言水平，也就是在自然顺序上所处的某一阶段。"$i+1$"则指下一阶段应达到的语言结构的水平，即稍稍高出当前的水平，以便让学习者能通过上下文、一定的语境，或借助于图片、教具等非语言手段来理解 $i+1$ 的信息，从而也就习得了该信息所包含的下一阶段的语言结构。教师无须先教授下一阶段的语言结构再让学习者去理解。

如果输入的内容远远超过学习者现有的水平，即 $i+2$，或者是和现有水平一样，即 $i+0$，则这两种情况下的习得都不能取得最佳效果。克拉申认为最好的 $i+1$ 的可理解性输入是妈妈或保姆对孩子讲的话，这种话常常被简化，既可以让孩子听懂，又能不断地提高难度。

第四，理想的语言输入。克拉申认为促成第二语言习得的发生应具备两个条件：一是为学习者提供所需要的、足够量的可理解性输入；二是学习者本身应具有内在的可加工语言输入的机制。据此，他认为理想的语言输入应具有以下几个特点：①可理解性；②趣味性和关联性；③非语法程序安排；④足够的输入量。

克拉申认为，要使语言输入对语言的习得有利，必须对它的意义进行加工，以引起学习者的兴趣。要使学生对语言输入感兴趣，最好使他们意识不到自己是在学外语，而是把其注意力放在意义上。就像儿童学母语一样，外语学习也应该用语言进行社会性的交际，从而使学习者习得该语言，这就是所谓的"无意识"学习——习得。输入的语言材料越有趣、越关联，学习者就会越容易在不知不觉中习得语言。

此外，克拉申还认为，只要在一个自然的环境里，通过接触大量的符合"$i+1$"规则的可理解性输入，就能自然而然地习得语言，因此，按语法程序安排的教学是不足的，也是不必要的。

克拉申的输入假设理论强调语言输入和听力理解的重要性，特别是可理解的输入在语言获得中的重要作用，强调注重意义的语言交流，这些论点对第二语言的学习和文化教学都具有重要的指导意义。

按照上述假说观点，在语言教学中，学习者在运用新习得的语言时，须置身于可理解语言信息输入和回馈的学习环境中。为了增强可理解语言信息，须创造出多样真实的语言材料或现实的学习环境，但是，目前在我国课堂上，中外文化教学缺乏这种真实自然的语言环境。针对这种具体情况，教学者应该对学生进行文化层面上的输入，也就是根据克拉申的 $i+1$ 输入公式，从文化角度扩展输入内容，即在学生对该目的语基本理解的基础上再对其输入相关的文化内容。

语言和文化是密不可分的，语言反映着文化，文化又能帮助理解语言。舒曼的文化迁移模式用社会文化的差异，以及由此产生的社会心理距离，指出人们因移入外国文化而学会相应的外国语，故社会群体和个人对目的语文化的态度决定了外语习得的成败。

文化因素是语言教学过程中不可或缺的组成部分已成为教学界的共识。教学者应将文化因素引入教学，使语言学习者熟悉目的语文化，缩小对目的语文化所持有的社会心理距离，并使学习者对目的语文化产生一种认同感和亲和力。学生对目的语的态度将会影响其学习效果，而态度的形成会受到目的语文化的影响。因此，文化输入能帮助学生更好地习得语言。

文化输入不仅包括基本文化知识的输入，同时应该包括提高文化意识和理解文化差异。文化输入目标可以分解为紧密联系的三个方面：社会文化体系；语言符号体系；信息的产生、传递和接受能力。语言学习是指一个人通过大量的听、说、读、写活动，认识一个民族的社会文化体系，并逐步学会使用该民族的语言符号体系接收、产生、传达信息的过程。

就一个文化体系自身而言，语言是文化的一部分，但从语言习得的角度而言，文化是语言的内核。对于语言习得，与其说"九分语言（符号），一分文化"，不如说"九分文化，一分语言"。

语言学习脱离了文化，就像吃西瓜不吃瓜瓤，光啃西瓜皮。文化输入就是使学生了解目标文化的有关知识，这些知识不仅包含社会规范、约定俗成的行为规则、价值观念和构成社会文化结构的定位，而且包含从文化的视觉辨认重要事实

第二章 中外文化翻译教学的理论建构

的能力，以及具备区分可接受的文化和不可接受的文化的有关知识。在当前的教学过程中重视文化输入有以下几点理由。

其一，语言是文化的载体，又是文化的一部分。教师应该给学生提供大量的可理解性输入，这些材料大多数来自西方国家的真实语料。如果学生不懂得其中蕴含的文化，就不能真正领会语言，那么，语言习得也就无从谈起。

其二，在课堂上穿插讲解相关的文化背景知识，可扩大学生的知识面，激发他们学习中外文化的兴趣，并能帮助他们更好地理解所学材料的内容。

其三，在介绍西方文化的同时，可与本民族文化做比较，让学生知道两种文化的差异，帮助他们在跨文化交际中避免可能产生的语用失误，促成交际的成功。当然，文化的学习绝不限于课内，教师还应引导学生注意从活生生的语言环境中了解所使用语言的文化，从而逐步培养学生的跨文化交际能力。

（二）文化输出理论

对于克拉申提出的输入假设，斯温纳等学者提出了他们不同的看法，即输出假设。

克拉申认为可理解性输入在第二语言习得中起着中心作用，而斯温纳则认为输出在第二语言习得中有着显著的作用。斯温纳提出输出假设的依据是她进行的"浸泡式"教学实验。浸泡式教学的主要原则是将第二语言作为其他学科的工具，而语言获得则是理解这些学科信息及内容的"伴随产品"。

斯温纳在加拿大进行的浸泡实验表明：尽管她的学生通过几年浸泡，获得的语言输入不是有限的，但他们并没获得如本族语者那样的语言的产生能力。她认为，造成这样的原因不是学生获得的语言输入有限，而是他们的语言输出活动不足。她认为她的学生没有足够的机会在课堂环境中使用语言。此外，他们没有在语言输出活动中受到"推动"。斯温纳认为语言输出活动不是如克拉申所说的那样只是体现了习得的语言，而是有着多方面的作用。

斯温纳认为语言输出有三个功能：①促进学习者注意语言形式的功能；②学习者检验自己所提出的假设的功能；③促进学习者有意识反思的功能。

斯温纳要论证的是上述三个功能。斯温纳认为，当学习者进行"产生语言"的活动时，他们可能会碰到一些语言方面的问题，这些问题会使他们注意到某一个他们不懂或只懂得部分的语言项目。这样学习者就会注意到他们所需表达的意思和他们能用语言形式来表达该意思的差距。这种对语言形式的注意能帮助他们习得某一种语言形式，因为这种对语言形式的注意会激活他们的认知活动，而这种认知活动有助于学习者对已有知识的巩固和对新知识的学习。

有些学者指出，学习者在口语和笔头语方面的一些错误揭示了学习者想在学习中对语言使用时某种策略的尝试，看看自己提出的某一假设是否成立。学习过程中，学习者会经常性地提出某种假设并对假设进行检验。为对假设进行检验，学习者要做一些事情，而做事的方法之一就是以口头或笔头的形式使用语言。

因此，语言输出活动是学习者为进行交际使用新语言形式和结构的尝试，是他们使用中继语来交际的过程，他们可以通过语言输出查看自己提出的结构和形式是否行得通。从这个意义上来说，语言输出活动为学习者实践自己提出的假设、检验自己的假设提供了机会。如果没有语言输出活动，学习者就不能获得验证他们提出的假设的机会。

斯温纳还认为语言输出有促使学习者有意识地反思的功能。当输出有检验假设作用时，输出本身就是假设，因此，语言输出就是学习者对如何使用语言形式去表达某一意义的猜测。在某种情况下，学习者不但揭示了自己的假设，而且用语言对假设进行了反思。

语言输出与语言输入在语言习得中是紧密联系的。语言输入在我国的中外文化教学中一直较受重视，而语言输出却相对受到忽视，这就导致学习者的口语交际能力和写作能力相对薄弱。虽然通过多年的教学努力，部分学生已基本能运用简单的英语进行交际，如问候、自我介绍、告别、谈论天气等，但他们的障碍是在完成这些简单对话后无法就某些话题进行深入的讨论与交流。写作也是如此，语言输出内容缺乏深度。可见，要提高语言输出质量，不仅要提高语言本身的输出，还须扩大文化输出。

文化输出，即参与跨文化交际的实践，从而真正达到最终目标——形成跨文化交际能力（跨文化交际能力是语言能力和社会文化能力的总称）。要培养这种跨文化交际能力，对于大多数在课堂环境下学习语言的学习者来说，不是一件容易的事，但也可以通过充分利用课内课外的一切机会来最大限度地达到这一目标，同时学习者还应自觉培养跨文化意识。

跨文化意识的四个阶段紧密相连：第一个阶段，学习者通过杂志、教科书等对于表面的明显的文化特征有所了解；第二个阶段，学习者通过某些文化冲突场合，对于一些细微而有意义的与自己的文化明显不同的文化特征有所识别；第三个阶段与第二个阶段近似，但是在第三个阶段，学习者通过理性的分析，认为那些细微而有意义的文化特征从认知角度来看是可以理解的；第四个阶段，学习者通过深入体验其文化，能够做到从对方的立场出发去感受其文化，从而达到移情的境地。

其中前几个阶段就是上文提到的文化输入阶段，而后一阶段则是文化输出阶段。这里可理解文化输出假说就是在理解和评价所得到的文化输入的基础上，通过文化吸收和文化对比，进而进行文化输出——学习者积极参与跨文化交际的实践，在实践中加深对文化差异的理解，并检验自己对文化差异的评价是否正确，而只有正确理解和评价文化差异，才能在实践中达到成功的跨文化交际。

第二节　中外文化翻译教学的理论基础

一、翻译模因论

模因论是基于达尔文进化论的观点来解释文化进化规律的一种新的理论模式。它试图从历时与共时的视角对事物之间的普遍联系以及文化具有传承性这种本质特征进行诠释。翻译作为一种跨文化、跨语言的行为，在切斯特曼看来是"模因在同一文化中通过模仿得以传递，同时也通过语言来传递，但某种模因要跨越到其他文化当中则需要借助翻译。因此，在跨文化过程中翻译则成为'模因的生存载体'"。翻译模因论的精髓在于，它解释了翻译理论的发展规律并肯定了翻译理论对于翻译实践的指导意义。

"模因"这一概念源于社会生物学，最早见于动物学家道金斯的畅销书《自私的基因》中。基因是传递生物信息的单位，生物体通过基因进行传播而得以生存。道金斯希望"模因"这个词类似于"基因"，能描述文化现象的进化。他在该书的最后一章引入了与基因相对应的模因概念，并把模因定义为"文化传播的单位，或模仿的单位"。

模因论是研究模因的理论，最早把模因引入翻译理论研究的当属切斯特曼和汉斯·弗米尔。切斯特曼把有关翻译本身以及翻译理论的概念或观点统称为翻译模因，如翻译的理论概念、规范、策略和价值观念等。他把翻译研究看作模因论的一个分支，试图用模因论来解释翻译提出的问题，并通过对翻译理论发展史的研究来探寻翻译理论的进化和形成规律。

切斯特曼详细讨论了翻译模因库中的五种超级模因：源语-目标语模因、对等模因、不可译模因、意译-直译模因、写作-翻译模因。他发现在翻译理论的进化过程中，有些翻译模因由于不能被普遍接受而消亡；有些翻译模因虽曾流行一时，但最终被取而代之；有些则具有很强的生命力，得以生存和发展。同时通过考察西方翻译理论的进化过程，他发现在某一特定的历史时期都有某一翻译模因处于主导支配地位，而其他翻译模因则处于被压制的地位，从而把西方翻译理论史划分为八个阶段：词汇阶段、神谕阶段、修辞学阶段、逻各斯阶段、语言学阶段、交际阶段、目标语阶段和认知阶段。各种模因为了适应社会环境，在不同时期均以不同的面貌出现，不断进行复制和传播，以求得生存和发展。

切斯特曼把波普尔的科学哲学观引入自己的翻译模因论中，认为翻译模因处于波普尔的第三世界中。波普尔把世界划分成三个世界：第一世界是客观物质世界；第二世界是个人思想、情感的主观心智世界；第三世界是指思想的客观内容，属客观知识世界，即关于思想、理论、论题等的知识存在于公共领域，不是指存在于个人头脑中的观念（第二世界）。

根据波普尔的理论，个人翻译技能的发展来自我们的错误，来自我们以前的翻译实践，来自对他人译作的研究，来自前人对翻译的思考，来自翻译理论和翻译历史的学习。我们通过批评对话和自我批评，从他人的反馈信息中发展自己。因此，根据波普尔的理论，翻译模因（即翻译理论或翻译观念）不可避免地影响了译者的思维方式和翻译行为。这也是切斯特曼对翻译理论与翻译实践之间关系的理解。

波普尔接受了达尔文进化论的一个最具挑战的观点：个体发生平行于种系发生。切斯特曼将这一观点应用到翻译能力的习得中。他认为，一个译者的个体发生过程应该遵循翻译理论的种系发生过程，也就是说，一个译者的观点、态度的变化过程可能反射出整个翻译理论的发展，反之亦然。这一假设对中外文化翻译教学具有深刻的启示。也就是说，我们可以利用个体发生与种系发生的相似性来强化翻译过程教学。这也是为什么教学者必须给学生讲授翻译理论发展史，其目的是使有关翻译理论发展的知识最终成为学生的一种概念工具，并可为学生提供比照来观察自己的学习进程，培养学生的自我意识，使他们有一种亲身参与历史进程的体验感。

二、建构主义理论

建构主义学习理论是行为主义发展到认知主义之后的进一步发展。客观主义、环境主义和强化是行为主义的基本主张。在教学上就是通过强化建立刺激－反应联结；教学目标为传递客观的知识，学习目标即在传递过程中达到教学目

第二章　中外文化翻译教学的理论建构

标，也就是说达到与教育者相同的理解。在这种传递过程中无视学生的理解及心理过程。认知主义在采用客观主义传统的同时，强调学习者内部的认知过程，以帮助学习者将外界客观事物内化为其内部的认知结构，这是认知主义与行为主义的不同之处。

建构主义则是认知主义的进一步发展。杜威、皮亚杰、布鲁纳以及维果茨基等人都对建构主义的发展产生了不同程度的影响。杜威的经验学习理论以及维果茨基的文化历史论，虽未提及建构主义，但都对其出现有着重要的促进作用。建构主义最早出现在皮亚杰的教育思想中，可以说皮亚杰是建构主义的奠基者。随后在布鲁纳的思想中也出现了建构主义。他们的学习观主要用来解释怎样使客观知识结构通过交互作用内化为认知结构。所有的这些都对当今的建构主义学习理论产生了深远的影响。

当然建构主义并不是一种理论流派，而是一种思潮，这种思潮尚处在发展中，并且具有不同的取向，如激进建构主义、社会建构主义、信息加工建构主义、社会文化倾向。

激进建构主义是在皮亚杰思想的基础上发展起来的，其主要代表人物有冯·格拉塞斯费尔德和斯特菲。激进建构主义有两个原则：知识由主体主动建构，而建构通过新旧经验的相互作用来实现；认识的机能是适应原有的认知世界，帮助组织自己的世界。

与激进建构主义不同，社会建构主义主要以维果茨基的理论为基础，其代表人物为鲍尔斯菲尔德和库伯。它在一定程度上对知识的客观性和确定性提出了疑问，但又比激进建构主义温和。它认为学习是学习者个体建构自己知识和理解的过程，知识不仅是个体与物理环境相互内化作用的结果，语言等符号在此过程中也同样具有极为重要的意义。

社会文化倾向与社会建构主义较为相似，也是受到了维果茨基的影响，把学习看成建构过程，关注学习的社会性。然而与社会建构主义不同的是，它认为心理活动是与一定的文化历史及风俗习惯背景相联系的。它着重研究不同的文化时代和情境对个体学习及问题解决等活动的影响。这种观点倡导师徒式教学。

信息加工建构主义不属于严格意义上的建构主义，它认为学习不是被动的刺激-反应联结，而是一个积极的心理加工过程，包含了信息的选择、加工及储存等复杂过程。它着重强调了原有经验的作用，而忽视了新经验对原有经验的影响。

人们对建构主义虽然有不同的取向，但各种取向之间有一定的共识。人们认为学习能力是学习者在一定社会文化背景下借助他人的帮助,利用必要的学习资料,通过意义的建构方式来获得的。

　　传统的学习理论多注重教师的传授,将学习过程看作"传授－接收"的过程,这种观点不利于培养学习者的学习能力及思维能力,不利于学习者的全面发展。建构主义是为打破这种旧有的学习理论而产生的,因此具有自己独特的教学观点。在知识观上,建构主义不再将知识看作客观的、固定的,而将其看作动态的,是一种解释或者假说。当然,这种动态的知识观对我们传统的教学提出了挑战。但这并不是说课本知识不能当作真理传授给学生,而是说学生接受这个真理的过程应该是其自身对知识的建构过程,而不是将其作为预先确定的东西教给学生。学生对知识的学习只能是通过自身的意义建构完成的。

　　建构主义的学习观、学生观以及教学观都与其知识观有相似之处。在建构主义者看来,学习过程不是被动的接收过程,而是主动的建构过程,这种过程只能由学习者自己完成,当然此过程中可以有他人的帮助。学生并不是空着脑袋走进教室的,他们在生活中已经积累了很多的知识经验,学校教育就是让他们脑海中的这些知识经验得到重新建构,形成他们所需要的深层次的知识。因此,在教学过程中,我们要充分考虑到学者的意义建构,尽可能创设有利于建构发生的情境。在教学过程中,教师不再是单纯的知识传授者,而是引导者、协助者,其任务是帮助学生完成意义建构,获得自身需要的知识。

　　由于当今的建构主义强调知识的动态性、学生经验世界的丰富性与差异性、学习的主动建构性、社会互动性以及情境性,因此,原有的以教师为中心,"讲授－接收"式的教学模式已不能适应其需求,必须寻求一种新的教学模式,以适应建构主义学习理论。建构主义教学模式以学生为主体,注重学生在教学活动中的实践;把课堂教学与学生的探究、实践活动密切结合起来,倡导并鼓励学生真正地参与到课堂的各个环节中;把时间和机会彻底交给学生,让学生感受到自身价值在课堂的体现,完成从被动学习到主动学习的转变。所以,学习者最终获得知识的多少并非取决于教师讲解内容的多少以及自身的背诵和记忆的能力,而是取决于学习者凭借自身固有的旧知识去建构有关新知识意义的能力。建构主义强调以学生为中心,重视学生原有的经验知识,将教学与学生的主动建构完美地结合起来。这就要求在教学过程中,教师要创设有利于学生意义建构的教学情境;学生之间要相互协作,即合作学习。

　　简单来说,建构主义教学理论观主要包括:认识活动都含有一定的认识结构,涉及图式、同化、调节和平衡等基本概念,学习者在与环境互动中逐步构建起关于外部世界的知识,发展认知结构和认识能力;学习者的心理发展水平和程度受社会制约,环境对个体身心发展起着重要作用;教育者应为学习者创设良好的教学环境,激发其学习的积极性,引导其探究学习规律,提高知识水平;学习过程包括情境、协商、会话和意义建构等要素。建构主义教学理论的特点是主动求知性、探索性、研讨交往性、师生互动性、生生互动性、(意义)动态建构性、知识环境直观性、自主智能拓展性和知识结构性等。

三、关联翻译理论

关联理论是一个强有力的理论,它的使命虽然不是解释翻译,但却能有效地解释"翻译这一宇宙历史上最为复杂的现象",它给翻译提供了一个统一的理论框架,奠定了翻译本体论和方法论的理论基础。在关联理论的框架内,翻译是一个对源语(语内或语际)进行阐释的明示—推理过程,译者要根据交际者的意图和受体的期待进行取舍,译文的质量取决于相关因素间的趋同度。

(一)关联翻译理论的观点

关联翻译理论认为,翻译过程是一个明示—推理的交际过程。从原交际者的明示行为中通过推理找到最佳关联是译者力争达到的目标,也是翻译研究的原则标准。译文关联性的强弱取决于两大因素:处理努力与语境效果。

译文读者需要的并不是最大关联性,即以最小的处理努力获得最大的语境效果,而是最佳关联性,即无须花费不必要的处理努力便可从中获得足够的语境效果。译者根据最佳关联原则从潜在的认知语境(包括译者的百科知识、原文语言提供的逻辑信息和词汇信息、原文的文化背景信息等)中选择正确的语境假设,从源语文本的交际线索中揣摩出原文作者的交际意图,找出最佳关联性,从而取得理解原文的语境效果。

译者继而在对译入语文本读者的认知语境和阅读期待做出准确判断的基础之上,灵活运用各种翻译策略,力图使译入语文本在音、形、意上最大限度地向源语文本趋同的情况下,将原文作者的意图准确地传达给译文读者,满足译文读者的阅读期待,即无须花费不必要的处理努力就能获得理解原文的足够的语境效果。

(二)关联翻译理论对翻译理解阶段的指导

理解是整个翻译过程的第一阶段,是非常重要的。译文对原文的理解稍有差错,译文表达就不可能准确无误,甚至会差之毫厘、谬以千里。正确理解原文,不能流于表面,要深入透彻。根据关联翻译理论,译者要想使理解更加深入透彻,需要充分了解源语作者的认知语境,尽量扩大和源语作者认知语境的共享,然后根据最佳关联原则,从潜在的认知语境中选择正确的语境假设,从源语文本提供交际线索的信息意图中通过推理探究出作者的交际意图,找出最佳关联性,从而取得准确透彻地理解原文的语境效果。

1. 扩大和源语作者认知语境的共享

关联翻译理论强调语境具有选择性和渐变性。理解话语就是从认知语境中选择相关假设,以便付出一定的处理努力获得相应的语境效果,从而找到话语同语境假设之间的最佳关联。在话语的理解过程中,新信息被处理后就会成为旧信息,从而使认知环境不断扩大,为处理下一个新信息提供便利。译者和读者共享的认知语境对于成功地传递原文作者的意图提供了一定程度上的保证。因此,在中外文化翻译教学中,教师应当引导学生考查原文的历史背景并理解作者创作时的处境与心境,从而充分利用共享的认知语境,对全文进行全面、深入、准确的理解。

2. 传递源语作者的信息意图和交际意图

(1) 区分信息意图和交际意图

根据关联翻译理论,意图分为信息意图和交际意图。信息意图是指提供交际线索的意图。交际意图是指语境暗含的意图,它往往在信息意图明示的基础上经过推理而获得。当译者判断原文的信息意图与交际意图重合,即原文的字面意义正是作者本意,而且将原文传译出来后不会影响读者的理解,相反还可以扩大读者的认知语境时,可照译不误。

(2) 充分运用推理技巧

通过推理正确理解源语作者的意图是翻译交际成功的前提。因此,在中外文化翻译教学中应当培养学生的推理能力,使这种能力在鉴别多义词、理顺逻辑、推导交际意图等方面发挥重大的作用。

(三) 关联翻译理论对翻译表述阶段的指导

在全面、深入、细致地理解原文的前提下,表达对于一篇译文质量的好坏起着关键的作用。译者只有在对译入语文本读者的认知语境和阅读期待做出准确判断的基础之上,灵活运用各种翻译策略,力图使译入语文本在音、形、意最大限度地向源语文本趋同的情况下，将原文作者的意图准确地传达给译文读者，才能满足译文读者的阅读期待，使译文和原文达到最佳关联。因此，教师要引导学生在表达上狠下功夫，这样学生才能全面提高翻译质量。

1. 考虑译文读者的认知语境和阅读期待

在跨文化、跨语言的翻译交际中，译文读者对译文的理解受制于其所拥有的认知环境。有时，源语读者所拥有的文化图式、社会经验等在译语读者的认知环境中并不存在，语篇内的有关符号无法激活译文读者记忆中的相关图式，从而导致解读的失败。有时，源语读者与译语读者所拥有的文化图式迥然不同，译文读者往往按照自己的认知习惯来解读，从而导致误读。因此，译者为了确保译文读者无须花费不必要的信息处理努力即可正确地理解译文，推断出源语作者意欲传达的信息意图和交际意图，就需要对译文读者的认知语境做出正确的估计和判断。这一点应该在中外文化翻译教学过程中对学生予以明确和强化，在处理富含文化信息的语篇时，引导他们学会通过运用译文内增词、译文外加注等策略来解决译文读者因认知语境中文化图式缺省所引起的解读障碍。

2. 兼顾源语作者的意图和译文读者的认知语境

最佳关联性是译者力争达到的目标。要想使译文获得最佳关联性，译者必须同时兼顾语境效果和处理努力两大因素。当读者的认知语境中缺乏相关的信息，或者与源语作者的认知语境发生文化冲突时，若一味传递原文的信息意图，那么，读者即使付出了多余的处理努力，也无法推断出原文的交际意图，得不到相应的语境效果，译文也就无法取得最佳关联。这一点同样应该在中外文化翻译教学过程中对学生予以明示和强化，引导他们认识到翻译策略的选择取决于对源语意图的识别和对译文读者认知语境和阅读期待的估量，只有兼顾两者，译文才能实现翻译交际的目的，才能获取最佳关联性。

四、功能翻译理论

（一）功能翻译理论的内涵与外延

1. 功能翻译理论的内涵

（1）语言功能的含义与分类

功能语言学家尼科尔斯认为语言功能有以下五种含义。

①依存关系。这是指两个事物之间相关与互动的关系。

②目的。从语言使用者的角度来说,语言的功能就是语言的使用目的。语用学、语篇语言学、社会语言学等探讨的多是语言的这种"目标功能"。

③语境。语境功能是指语言反映言语活动环境的能力。一是社会语境,语言可以体现交际参与者的角色、身份和社会关系;二是语篇。

④结构关系。这种结构功能是指一个结构成分与上层某个结构单位的关系,即它在这个上层单位中所起的作用。

⑤意义。在现代语言学论著中,"功能"有时与"意义"相等,尤其是语用意义。"功能"研究即"意义"研究。

德国语言学家布勒于1934年在其著作《语言论》中提出了语言功能的"工具模式",该模式包括五个因素:符号、语境、说话者、受话者、话语功能。符号即语言,语言功能产生于符号与其他因素之间的关系。符号同语境之间是"表现"关系;符号同说话者之间是"表情"关系;符号同受话者之间是"感染"关系。

布勒总结了语言的三大功能,具体如下。

①表情功能,指语言用来表达作者或说话者的主观观点或情感的功能。

②信息功能,指语言描写、报道或表述客观事实的功能。

③感染功能,指语言用来影响、劝说、要求、命令读者或受话者去做某些事情的功能。

在语言学界影响较大的是布勒的语言功能分类方法,之后许多语言学研究者的理论中都有布勒理论的体现,例如,雅各布森的语言功能理论和韩礼德的系统功能语法理论所支持的"概念功能、人际功能和语篇功能"。

美国的语言学家雅各布森发展了布勒语言工具模式中的交际功能。1960年,他在文章《语言学和诗学》中提出了语言的六个要素,即语境、信息、信息发送者、受话者、解除渠道和代码;六种功能模式,即指称功能、表情功能、意动功能、寒暄功能、诗学功能和元语言功能;阐述了各语言要素之间的关系(信息和语境之间的关系为"表现",信息和信息发送者之间的关系为"表情",信息和接收者之间的关系为"意动",信息和接触渠道之间的关系为"寒暄",信息和组成信息的代码之间的关系为"元语言",信息与其本身的关系为"诗学")。

(2)功能翻译之理论基础

在翻译实践的历史长河中,译者们对功能翻译观点早有感悟,但是正式提出这一理论是在20世纪末期。翻译理论家西塞罗曾指出,逐字翻译的译文有时显得不那么通畅,如在必要处更改原文的措辞及语序,又超出了译者应发挥的作用。杰罗姆和路德指出，在翻译《圣经》时，有些段落需要逐字翻译，有些地方则需要将其意义翻译出来，有些地方还需要根据读者的期待做适当调整。20 世纪 60 年代，奈达在著作《翻译科学探索》中提出了翻译的"动态对等"原则。"动态对等"是指要在译文中使用最贴近且又最自然的对等文本再现源语的信息。"贴近"是指要使译文的信息表达完整、准确；"自然"是指要使译文通顺、流畅，也就是说要最大限度地接近原文。

不同语境运用不同的翻译方法。结合语境的翻译大体可分为以下三类：上下文语境、情境语境以及文化语境。在这三类语境中，上下文是一种十分常见的语境类型，同一个词放在不同的文章上下文中会有不同的含义；由于情境语境的不同，在翻译同一个句子时应结合当时语言活动发生的具体情境进行适当的翻译；与此同时，语言是文化的载体，一定的语言必然承载着一定的文化，在翻译时必须考虑的就是其所处的文化语境。译者在翻译时应充分考虑语言上下文语境、情境语境及文化语境的影响，采取相应的翻译方式，从而提高翻译的准确性及恰当性，实现真正的交际目的。

2. 功能翻译理论的外延

从逻辑学角度出发，纯粹功能是指有特定结构的事物或者系统在内部和外部的联系和关系中表现出来的特性和能力。任何物质系统都是结构和功能的统一。结构是功能的基础，结构决定功能；功能是结构的表现，功能对结构又有反作用。既然"翻译"前面冠以"功能"一词，它就被赋予了"功能主义"倾向。"功能主义"是一种处世哲学，它认为形式应当服从于用途、材料和结构等要求，并且目的高于一切。

（二）功能翻译理论的代表人物及观点

1. 赖斯的文本类型说

德国功效翻译派别的关键人物为凯瑟林娜·赖斯，她在 20 世纪 70 年代发行的书籍中阐述了功能翻译理论的初步论点。最佳的翻译为"完美的交流沟通活动"，也就是"目的语文章及导语文章于想法、语言方式和沟通交流功效等方面达到相等"。她觉察到，在实际的情况中，某些翻译的文章目标抑或功效和原本文章的目标、功效不一样。她认为，语言功效的文章种类观点能够辅助翻译人员明确翻译目标需要的进程，且从文章的两个类别进行了区分。

赖斯在布勒理论的基础上，把语言的功效分为三个方面，即讯息、表情及感染功效。基于此,她总结出了三个文档的种类,即讯息型、表情型及感染型文档,并且把三个功效和三个文档类型、语言特征、实际的交流沟通情境关联在一起,且表明应该"依据文档种类去选用翻译的方式",如表2-1所示。

表2-1 赖斯关于文本类型与对应翻译方法的描述

文本类型	讯息型	表情型	感染型
语言功能	表达事物与事实	表达情感和态度	感染文本接受者
语言特点	逻辑的	美学的	对话的
文本焦点	侧重内容	侧重形式	侧重感染作用
译文目的	传递原文指称的内容	表现原文的美学形式	引起预期回应
翻译方法	简朴的语言,按照要求做到简洁明了	仿效,忠实原作	编译,等效

赖斯对每个文档种类的特征和翻译方式进行了总结。

第一,讯息型文本的语言有着条理性及对称性的特征,翻译的时候要把当中的讯息都进行处理,翻译的语言必须为通俗易懂的大众话,避免冗杂多余。

第二,表情型文本是创造性的写作,语言具有美学的特点,作者或文本信息的发送者与信息的形式都很重要。其主要功能是表达作者的情感与态度,语言上具有美学特点,翻译时应当在确保信息准确的基础上,反映出原文的艺术形式和审美特点。翻译方法应当采用仿效法,忠实于原作。译者应采取和原文作者相同的视角行文。翻译文学作品时,应对原文作者的写作风格做重点考虑。诗歌、小说等文学作品是表情型文本的代表。

第三,感染型文本是旨在引起行为反应的文本,其功能旨在感染文本接受者并且使其采取某种行动,如购买商品、同意某种观点等,在语言形式上具有对话性,重在感染读者。翻译时应使译文能够在读者中产生预期的反应,可以采用"编译"的方法以达到预期的感染效果。为了确保译文对读者产生感染力,甚至需要添加新词或新图像,这类文本以广告、演讲为代表。

赖斯意识到,除了以上三种典型的文本之外,还存在着许多混合型文本,并且一个文本同时具有多种功能。不过,赖斯认为,"评判译文主要是看它是否传达了原文的主要功能"。也就是说,赖斯认为,文本类型的分类依据是各文本的主要功能。很多文本同时具备多种功能,但它们总是有主有次,原文的主要功能决定了翻译的方法。

2. 弗米尔的目的论

德国语言学家汉斯·弗米尔一直反对"翻译仅仅是语言转换"的观点,他认为翻译主要是一种文化的转移,译者应该是双语文化或多语文化拥有者,自然也就包括掌握多种语言,因为语言是文化不可分割的一部分。他还把翻译看作一种行为、一种跨文化事件,这不仅适应于两种文化有近亲关系的语言,还适应于两种文化相距遥远的语言。语言学不能解决任何问题,"语言学不会给我们提供多大帮助,首先翻译不只是,或不主要是一个语言过程;第二,语言学对于解决翻译问题没有拟构恰当的设问,因此只能寻求其他办法"。

弗米尔将翻译阐释为:为了取得理想的功能,在乙文化中用乙语言模拟甲文化中用甲语言提供的信息。这意味着翻译不是词汇和句子的符码从一种语言转移到另一种语言,而是一种复杂的行为。译者在一种新的功能的、文化的、语言的环境下,在新的情境中提供有关源语文本的信息,尽可能地模拟源语的形式特点。

在他的目的论中,功能因素是压倒一切的因素。他极力反对把源语文本看作一个静止的、绝对的标准,认为不应该在源语文本类型和特点上争论不休。翻译方式应根据某一特定的情境而决定,所以翻译是一个动态过程。翻译是一种转换,把言辞和非言辞性的交际符号从一种语言转移到另一种语言,可以类比把图画变成音乐、把蓝图变成建筑,所以翻译属于人类行为之一。根据行为理论,人类行为是一种有意图性、有目的性的行动,它发生在一定的情境之中,同时也对情境做出了改造。既然每个情境都与文化息息相关,那么对任何一个情境的估价,不论是言辞或非言辞情境都依赖于它在某一文化体系中的地位。根据这一思想,翻译不能看作词当句对的语言转换,而是包含在人类交际的综合理论框架之中。翻译理论不只是吸收语言学理论,而且需要一种文化理论来解释交际场合的特殊性,解释言辞性和非言辞性情境因素之间的关系。

弗米尔认为,翻译是一种以源语文本为基础的翻译行为,源语文本包含言辞和非言辞成分,如图表等;还有一种翻译行为是可以向委托人提供咨询。对于翻译行为,他做出了如下解释。

任何翻译行为,包括翻译本身都可以看作一种行为,任何行为都具有目标、目的。因此,弗米尔把他的理论称为"目的理论",在这个理论框架中,决定翻译目的最重要的因素之一是译文的受众,他们是目标文本潜在的接受者或读者,他们有自己特有的文化、知识、期待和交际需求。译者的每次翻译都是为了特定的目标接受者,因为翻译意味着"在目标情境中为目标文化中的特定目的和接受者产生文本"。

3. 曼塔利的翻译行为理论

贾斯塔·霍尔兹-曼塔利提出了翻译行为的概念,并探讨了包括文本转换在内的所有跨文化转换形式,着重论述了翻译过程的行为、参与者的角色和翻译过程发生的环境三方面的问题。

曼塔利指出,翻译和翻译行为是两个不同的概念。翻译行为是为实现信息的跨文化、跨语言转换而设计的信息传递过程;而翻译只是文本形式上的跨文化转换活动,在转换中,交际性的语言符号或非语言符号(或两者兼有)从一种语言转换成另一种语言。翻译是翻译行为的具体操作。翻译的实质反映出翻译的三个性质:目的性、交际性和跨文化性。该翻译理论从译入者的全新视角来诠释翻译活动,使翻译摆脱了源语的束缚。

4. 诺德的功能加忠诚理论

克里斯蒂安·诺德是德国功能派翻译理论的主要倡导者之一,她用简单易懂的语言和丰富的实例阐述了复杂的功能派的学术著述以及理论,叙述了功能派是如何形成的,以及其基本思想。她将翻译里的"忠诚"原则用来分析功能派中翻译理论不够全面的地方,进一步拓展了功能派的思想体系。基于丰富的翻译理论知识和中外文化翻译教学经验,她提出了翻译纵向单位和翻译前译者应该善于发现、找出翻译中将遇到的问题等翻译教学思想。

功能加忠诚理论是诺德对翻译学最重要的贡献之一。诺德针对曼塔利有关翻译的激进功能主义观点,创造性地将"忠诚"这一原则引入功能翻译模式。"忠诚"是人际范畴的概念,指人与人的社会关系。忠诚原则为功能途径增加了两个特质,要求译者考虑到翻译过程中涉及的两种文化及其特有的翻译理念的差异,从而把目的论变成一种反普遍性的模式;忠诚原则引导译者推知并尊重信息发送者的交际意图,从而减弱了"激进"功能主义的规定性。

忠诚原则兼顾了翻译发起人(需要某种形式的翻译作品)、译文受众(期待原文和译文之间有特定的联系)以及原文作者(有权要求尊重其意向并期望原文与译文之间有特定的联系)三方面的合理利益。诺德的功能主义方法论建立在功能加忠诚两大基石之上,虽然这两个原则看似相互矛盾,但是它们的结合尤为重要。

五、图式理论

图式理论在翻译的理解和表达过程中起到了重要的指导作用,它反映了已存在的认知结构在处理外界信息时的主动性。翻译实践表明,译者的相关图式越丰富,对文本的解读能力越强,翻译出来的文本可接受度越大。因此,在中外文化翻译教学中,教师有必要激活学生已有的翻译的相关图式,同时,也应该帮助学生建立更多新的图式。

(一)图式理论的概念

巴特莱特将"图式"定义为"先前获得的背景知识的结构"。后来,安德森等人把图式理论作为认知论的一部分进行了深入的研究,进一步发展和充实了这一理论,并认为图式是"信息在长期记忆中的储存方式之一,是围绕一个共同题目或主题组成的大型信息结构。典型的图式结构是分层次的,信息子集被包括在更大、范围更广的概念之中"。他们的理论不仅用于语言理解之中,而且还用于语言表达中。图式分为两大类,一类是形式图式,另一类是内容图式。

形式图式包括有关语法结构的知识或有关不同类型原文的知识,如风格的差异,描述、记叙、说明、议论、故事、科学文献、报刊文章、诗歌等不同文体组织结构的差异等。例如,一个简单故事的图式至少应包括故事本身所应具有的信息,即背景、开头、发展和结尾。这种图式也被称为故事文法或故事脚本。内容图式就是指有关事物、事件内容的知识图式,如洗衣、庆祝圣诞、中国的历史、美国的淘金热等。

写作需要形式图式和内容图式的有机结合。图式可以视为我们理解话语的过程中引导我们期待或预料事态的有组织的背景知识。可见,图式是语义记忆中关于信息一般性或预期性安排的结构,即大脑语义记忆中关于事件一般性顺序的结构,所以有助于理解语篇的全篇性连贯(自上而下的处理方式)。如果语义记忆中没有合适的图式,或合适的图式没有被激活,我们理解篇章就会有困难。

(二)图式的功能

图式作为人脑中储存知识的结构,其主要功能当然是用来说明人对客观事物的理解过程,帮助人们形成认知过程中的期待,其基本功能主要有以下几点。

1. 构建功能

美国认知心理学家古德曼认为，学习是构建内在心理表征的过程。学习者并不是把知识从外界直接原封不动地搬到头脑中，而是以已有的知识经验为基础，通过与外界的相互作用来构建新的理解。

由此可见，学生习得新知识的过程，事实上就是在头脑中已有图式的基础上，通过外界知识与原有图式的相互作用来堆砌、调适和重建原有图式，从而重新构建一种新的理解、新的图式。外部的新知识就是这样被大脑接纳理解，从而不停地建构人脑中的信息库和认知结构的。

2. 搜索功能

图式是简约化、抽象化的知识结构，人们能够利用头脑中已有的图式形成目标指向性，或做出预测，从而积极主动地检索收集更多的有用资料。例如，当人们在阅读时，会形成各种"思维组块"，汇成有效的认知结构。当人们面临问题时，就会在已有的认知结构中搜索与解决问题有关的思维组块，借以分析、比较、综合，达成知识的沟通和应用，最终解决问题。

3. 剪辑功能

图式的剪辑简单来说由两个部分组成：筛选和重组。

筛选是指图式对输入的新信息要进行选择、删减和过滤。这是外界信息作用于人脑后的第一个步骤。对同一个信息，不同的人可能会进行不同的筛选和过滤，从而造成对同一件事，不同的人有不同的理解。这是因为每个人头脑中已有的认知图式存在差异。人们在学习的过程中接受的知识结构可能不同，因而形成了每个人独一无二的认知图式，而这种认知图式的差异反过来又继续影响人们对新知识、新信息的理解。

新信息是否被图式选择还取决于这部分信息是否与头脑中已存在的某一变量相一致，如果一致，这些信息就会填充到已有的认知图式框架中，反之就会受到排斥。进行选择之后，就会对输入的新信息进行抽象。这意味着图式并不是原封不动地接收新信息，而是通过剪辑、抽象，把这些信息转变成图式能接受的东西。重组是指对经过抽象后的信息进行整理、归类和组织，这一过程有些类似于皮亚杰所说的同化作用。

4. 预测及推理功能

鲁姆哈特认为图式如同理论一样具有预测作用，运用正确的理论就可以对没有被观察到的事物做出可靠的推理。同样，图式所解释的现象也往往是我们的感官所不能感受到的，这样我们对知识的理解就超出了感官观察的范围。图式与理论进行这样的类比尽管有些牵强，但的确说明了图式在知识获得过程中有预测和推理的作用。当新信息激活了头脑中的图式之后，图式就要对新信息进行解释，进行解释的过程就必定要包含预测和推理。

20世纪70年代，"人工智能之父"马文·明斯基将图式构想引入心理学领域，创立了框架理论，这被看成图式理论发展的重要基础。在他的框架理论中，明斯基提出系统本身可以自动地把缺席值赋于变量槽道之中，这种赋值的过程其实就是图式进行预测和推理的过程。

（三）认知图式在翻译过程中的作用

翻译属于语言之间的一种转换活动，也就是说，翻译是将一种语言用另一种语言进行表达的转换过程，这种过程从表面上看是一种语言活动。但从翻译的主体即译者的角度来说，翻译实质上是一种思维活动。这就是翻译的本质，是由思到言的过程：思即理解，是指对源语文本的正确解码；言即表达，是指在理解源语文本的基础上创造译语文本。

随着认知语言学的兴起和发展，翻译研究也开拓了新的思维领域。从阅读的心理过程来看，翻译是一个解码和重新编码、理解和表达的过程。译者将源语所包含的信息通过记忆信息解码并重新编码为目标语言，而在这一过程中，图式理论起着重要的指导作用。因此，翻译交际实际上是原文作者、译者和译文读者三方交流互动的过程。要使交际成功，译者作为原文的读者首先应充分地理解原文作者意欲表达的信息和意图，然后在译文中传递给译文读者。

无论是译者理解原文，还是译文读者理解译文，在理解过程中接收新信息时，他们必须把新信息和文本上下文中提供的旧信息以及交际情境相结合，并在自己的认知语境中寻找并激活相关的图式，推导出作者意欲传达的意图和信息，从而形成对新信息的理解。

一方面，认知图式在翻译的理解阶段起到指导作用。图式理论在解释文本的理解过程中强调两种信息处理方式：一种是自下而上的加工方式，也被称为"数据驱动加工"，即由词到句乃至到意义的逐步解码过程；另一种是自上而下的加工方式，也被称为"概念驱动加工"，即译者以已有的知识为基础，对文本的意义进行预测以及动态的交互过程。对译者来说，拥有的相关图式越丰富，也就越容易理解原文和进行解码。反之，拥有较少图式或缺乏相关图式，就会对理解产生障碍。也就是说，阅读时不能恰到好处地运用背景知识，就不能成功地激活图式，阅读理解就会受到严重的影响。因此，在翻译的理解过程中，译者还要善于激活大脑中与源语文本相关的图式，以求对源语文本进行充分正确的理解。

另一方面，认知图式在翻译的表达阶段起到指导作用。可见，读者对译文的理解同样有一个"图式"的问题，图式理论专家指出：要达到正确的阅读理解，读者不仅需要相关图式，同时还必须激活图式。图式不能有效激活的原因之一是阅读材料没有提供必要的信息或者刺激。因此，译者的表达既要适合潜在的译文读者的"图式"，又要能提供足够的信息以激活读者的图式，使表达能为译文读者所理解。只有这样，才能使翻译完成从译者对源语文本的正确理解到潜在的译文读者对译文的理解，最终实现不同语言与文化的发送者和接收者之间交流的目标。

第三节　中外文化翻译教学的整合体系

一、中外文化翻译教学的特点

中外文化翻译教学的特点在于在探索、解决问题的过程中突出"毫发剖析精神"，使对翻译内容的剖析和描述过程生活化、形象化、情感化、关系化和社会化。教师应努力做到以下几点。

第一，体现导演般的角色诱导性、情节解说性、演绎的激情性和细致入微的观察性。

第二，激发学生自信心，开发他们的双语潜能，培养经验法则概括力，培养理论运用与实践的自觉性。

第三，使学生充满思维张力和体验活力。

第四，拓展学生的全景视域与多向度思维。

在教学中，潜能开发报告与教师评价是中外文化翻译教学比较有特点的一个环节。潜能开发报告旨在培养学生的能动性和自证与他证的批评意识。教师要在有限的课时内普遍提升学生的文学翻译能力是十分困难的，但培养其毫发剖析的精神、严谨细致的态度、多维拓展的视野、追求优质的意识却是可行的。该教学环节有以下要求。

第一，选材与篇幅：小组依据兴趣自选体裁，如散文、杂文、小说、童话、英诗、古汉语诗词、论说文、说明文、政论文、影视作品等语篇或节选,篇幅在 1000 词/字左右。

第二,突出问题:应有反映理解与表达难点和重点的问题(最好具有挑战性),能对问题定性和归纳分类,形成经验理论认识。

第三,客观依据与主观理据:解决任何概念问题都必须以词典释义与语境参数为客观依据,尤其是要查找或收集与内容相关的图片、资料、视频等,提供社会历史文化知识信息,继而考察其常规语义在各种语境中的意义嬗变形态,描述思维运作与意义建构的主观依据。

第四,结构完整:作者简介+译者简介+原文体裁和语言风格特点的简要概述+过程分析与翻译问题评析(突出语言点和翻译问题性质)+小结+经验要点总结+参考文献。

教师对学生潜能开发的有效形式之一就是建议学生选取有一定难度的名篇名著片段,先自译自评,并对难点、重点问题的解决方法与理据进行自证,然后对照名家译文进行审读,找出优劣的原因,对问题定性,总结经验,发现不足和欠完善之处并提供建设性译文。这种研习能拓展学生的多维视野和问题定向,如理解深度、表达措辞、风格特征、人物形象刻画、情感特征表现等,培养学生细致入微的文本观察、审读能力和文学翻译的艺术再现、表现能力。

二、中外文化翻译教学的体系

在翻译教学创新中,不少教师强调真实环境下的协作式翻译教学模式。比如,林克难提出采用进入角色、模拟实情的教学法;刘宓庆、陈葵阳、曾利沙等提出在强化学生翻译实践能力的过程中,提升他们的认知思维能力和语境关联下的概念或命题语义嬗变的识解能力;廖志勤对个性化翻译教学中的知识构建进行了描述;王金波认为应在翻译培训中加强学生个性化、自主性学习及教学活动的真实性。这些研究从原则、理念、方法、手段、知识经验等层面提出了有益的翻译教学建议,但未能整合以形成一套可描写、可阐释、可操作的范畴体系,不能将归纳与演绎并举,通过开放性、模块化的方式建构学生的知识结构,认识翻译实践的区间规律性。

杨自俭指出,翻译教学和教材建设应是知识体系与理论体系、技巧体系三位一体的范畴体系,这样才能培养出有创造能力的人才。有学者综合运用相邻相关的学科理论知识,以开放性、模块化的方式整合、建构了"理论+知识+技巧"三位一体的中外文化翻译教学范畴体系。

这一模块体系涵盖了翻译能力修正模式中的双语能力、非语言能力、翻译专业知识、专业操作能力等六大类能力。各模块内容有待充实，教师可在研究实践中进一步加以丰富。该模块体系提供了研究性教学和学生研习性实践的维度，其核心是理论与方法、经验与理性的高度统一，要求教师全情投入和长期积累，付出时间和精力。通过对学生报告中的典型问题进行认真、细致的评析，教师不仅能有效拓宽学生视野，而且还能有效提高自身实践能力，积累更多感性材料，为自己的翻译理论与实践研究收集有价值的语料，为将教学与科研的紧密结合找到一条有效途径。

三、中外文化翻译教学的原则

为了提高教学质量，有计划、有目的、有层次地进行教学，教师应该在中外文化翻译教学目标的基础上遵循一定的教学原则。

（一）精讲多练原则

中外文化翻译教学主要是技能教学，即教师传授技能与学生掌握技能。如果采用传统的教学模式，先灌输后练习，会让学生产生翻译教学枯燥乏味的情绪，不利于教学目标的实现。因此，在翻译教学过程中，教师应注重将技能的讲解与学生的练习紧密地结合在一起，同时要以练习为基础加以总结。

在练习之前，教师可以先介绍一些翻译技巧，再让学生做翻译练习。在练习结束之后，教师还应对学生的练习进行讲评。教师在讲评时不应只是直接将参考译文呈现给学生，也不能仅仅针对某一练习材料的内容，而应通过对学生在翻译过程中出现的问题进行分析，引导他们进行思考、总结，培养他们举一反三的能力。此外，还可以通过对原文材料进行系统的分析，归纳练习中的知识点，总结问题，从而上升为理论。只有这样，学生才能真正掌握翻译技能。

学生翻译技能的提高是在实践中经过长期的积累不断实现的。学生只有进行大量的练习，在练习过程中去感受、思考、积极寻找解决问题的方法，才能将自己思考的结果与已有的感性经验上升为理论。只有经过反复的实践、思考、总结，学生分析、解决问题的能力才能逐渐提高，翻译能力也才会相应地提高。这就要求教师对学生翻译的过程进行关注，帮助、启发、训练并鼓励学生解决在翻译过程中遇到的各种问题。这对学生的自主学习能力、创新能力的培养具有积极的促进作用，同时可为今后的翻译实践奠定基础。

第二章　中外文化翻译教学的理论建构

（二）循序渐进原则

中外文化翻译教学中需要遵循由浅入深、循序渐进的原则。在教学实践中，教师在选择语篇练习时应由易到难。其中，就篇章的内容而言，应选择那些学生比较熟悉的内容；就题材而言，应从学生比较熟悉的题材开始；就原文语言而言，应从最浅显之处开始，逐步过渡到难度较高的语言。教学活动只有由浅入深、稳扎稳打，才能不断提高学生学习的信心，逐渐培养学生学习的兴趣，从而有利于学生语言综合运用能力的提高。

综上所述，目前我国教育制度不断完善，社会对翻译人才的需求量不断增加，为了培养专业的翻译人才，高校教师必须从教学观念、教学模式、教学手段、跨文化教学等多方面进行深入探讨与改革，改善中外文化翻译教学中的不足，进而培养出高素质的翻译人才。

四、中外文化翻译教学的策略

有学者奉行寓教于乐、寓教于情、寓教于形、寓教于理、化理论为方法的理念，在实例选取上突出典型性、生动鲜活性、富有趣味性、题材广泛性、问题凸显性、激发潜能性，赋予语言翻译之美感、文字翻译之韵律、文学翻译之神韵、文化翻译之融通。总的教学策略是简化目的、深化认识、突出问题、多维探索、集中量补、教辅结合。

简化目的是指要求学生针对整个翻译教学内容集中回答一个理论问题：什么是翻译？但是，学生必须给出 N 个答案，对于每个答案必须给出 N 个典型译例进行证实，证实又必须包括理据与方法两部分。这样可以促使学生多层面、多视角地审视翻译的本质属性，先见树木再见树林。

深化认识是指教学环节自始至终都从反映不同题材和体裁的实践问题的特征分析出发，而并非从理论出发。教师力求问题解析过程要由浅入深、从点到面，对推论过程辅以各种视觉性强的手段给予程序化证明，对不同性质和关系的问题用不同颜色进行对比标示，形成"问题形态→问题性质→问题原因→解决方法→方法理据→经验总结→理论认识"的认识链。

突出问题是指 90 分钟的教学安排可分为三个环节：30 分钟 PPT 形式的学生潜能开发报告，30 分钟教师引导的单句/句群翻译问题解析，30 分钟教师启发下的学生语篇/语段翻译过程解析讨论。这三个环节都应突出翻译理解或表达的难点与重点，并能反映不同文本类型的典型特征，如文学性、风格性、抽象性、隐晦性、模糊性、隐喻性、间接性、经济性、不定性、召唤结构、缺省性、空白性、语境性、关系性、连贯性、衔接性、互文性、象征性、多义性、歧义性、变异性、陌生化和个性化等。

多维探索是指问题解决的理据化与方法化。有学者将荀子的"以类度类"和"以道观尽"思想转化为翻译教学方法——开放性经验模块，即教师的解析和学生的报告都以"类"的方式突出具有相同理论认识与方法价值的翻译问题，同中有异，异中有同，举一反三，触类旁通。经验技能或要点总结是自下而上（从实践到理论）的典型归纳，拓展对"道"的区间规律性认识，丰富翻译知识结构。

集中量补是指在每学期前四周的准备阶段，通过提供课外辅助材料的方式对毫无翻译理论与实践基础的学生进行短期"充电"：首先，将必要的翻译理论与知识以专题讲义形式发给学生用于课外集中阅读，如翻译的性质与原则、中西翻译史概述、异化与归化、形合与意合、横组合与纵聚合、地名人名译法、有灵/无灵主语、话题句译法、习语翻译、声色词译法、倍数译法、文体与翻译及译字、译意与译味等。其次，从若干翻译教材中收集十余种常用技法发给学生，打好小组潜能开发报告的技能运用基础。最后，将往届学生的数十个优秀报告推荐给学生参考，明确报告的结构要素和陈述要求。

教辅结合是指除了课堂内对学生进行启发、引导与能力拓展外，要求学生在潜能开发报告中开展翻译批评性实践。比如，从名家译本中选取材料进行比较分析，不仅要能对其中的佳译从理解与表达两方面进行经验总结，还要能发现其中的不足和有待加工完善之处，甚至误译和错译之处，并说明问题性质，提出修改意见。学生进行"问题—解决方法"报告（每组10～15分钟），教师进行有针对性的点评和总结。无论对学生还是对教师来说，探索、解决问题的过程都是应对挑战和开发潜能的过程。

第三章　中外语言文化翻译教学

在经济全球化趋势下，中外语言文化之间的翻译活动显得尤为重要，因此，我们要通过语言文化翻译达到中外沟通的目的，通过翻译教学提升文化自信，达到人才培养的目的。

第一节　词汇翻译教学

一、英汉词汇的比较

（一）英汉词汇形态的比较

英汉词汇在形态上有着明显的区别。从语言词汇的形态特征这一角度来看，汉语属于孤立性语言，因为汉语的每个词只由一个语素构成；尽管英语也偏向于孤立语，但与汉语相比，它更偏向于曲折性语言，又称"综合性语言"，即每个词可以通过词形的变化来表示意义或语法功能的变化。曲折性语言中词汇的一个重要特征便是词缀丰富，因此派生词在英语中占有很高的比例。

英语这门语言是具有形态变化的，因此一个汉语词汇往往同时有多个不同形态或词性的英语单词与之相对应。英语词汇可以通过缀合法来构成不同的词类，但其根本意义不变。所谓"缀合法"，就是通过添加前缀、后缀而使词获得新的意义，成为新词。在英语中具有较强构词能力的词根有很多，而且构词的前缀和后缀也相当丰富，有时一个词根上还可以同时加上前缀和后缀，甚至加过第一层的前、后缀后还可以在这个新词的基础上再加一层前、后缀。

用缀合法组词的现象在汉语中也同样存在，但与英语相比，其词缀数量要少许多，而且加缀并不十分固定，可以保存也可以删去，因此缀合法在汉语中的应用并没有在英语中那么广泛。显然，汉语词汇没有像英语词汇那样丰富的词形变化，因此，几个词根相同的英语单词可译为同一个汉语词汇。相应地，在不同的语境中，一个汉语词汇往往可以翻译成同一词根不同词类的英语单词。

（二）英汉词汇词类的比较

英汉虽都有实词和虚词之分，语法作用也大体相同，但有许多不同点。英语的冠词和汉语的量词、助词为各自语言所独有，没有直接的对应关系。而且，汉语中的助词是种特殊的词类，英语虽无此类助词，但其动词的时态和体式、句式陈述与疑问都分别与汉语的助词功能相对应。此外，汉语中也没有英语中的关系词和反身代词。就词类使用的频率来看，一个英语句子只能有一个谓语动词，而其他一些含有动作意义的词只能由非限定动词（不定式、分词和动名词）、抽象名词、介词以及定语从句等加以表达，这就大大限制了英语中动词的使用。相比之下，汉语中动词的使用不受任何限制，这就出现了汉语多用动词、英语多用名词的现象。英语中的连词和介词的使用比在汉语中使用得要多。由于词类性质的差异，各种词类相互转换便成了英汉互译中常见的翻译技巧。

（三）英汉词汇语义的比较

英汉两种语言背后存在着十分显著且巨大的差异，它们的词汇系统之间很少出现语义完全对应的现象。词汇的概念意义是词汇的基本意义，但并非唯一的意义。一般词典给出的意义都是词的概念意义，如"电脑""土地""花朵"在英语中分别为"computer""earth""flower"，而它们的其他意义则未能全面反映出来。可以说，除科技词汇外，在英语和汉语中所有意义和用法都完全对等的两个词汇几乎是找不到的。

1. 词义特征不同

（1）汉语的词义特征

汉语词汇意义的主要特征集中表现为形象鲜明、表意准确、言简意赅、辨析精细。虽然汉语以单字为本，但其搭配能力非常强，组词方式也是相当灵活的，具有很强的语义繁衍能力，因此能够生成丰富的词义。

（2）英语的词义特征

英语词义的一个最显著的特征便是意义灵活、丰富多变，这也就使得英语词义在很大程度上要依赖于上下文。如"uncle"一词在英语中既可以指"伯父""叔父",也可以指"姑父""姨父""舅父""表叔"。另外,一词多义也是英语词义的另一个显著的特征。一词多义在各种语言中都不是罕见的现象,而是相当普遍的,但这一现象在英语中表现得尤为突出。

2. 语义范围不同

即便是在汉英语言中都有的概念,其语义范围也是不尽相同的。如汉语中的"打"字可以组成"打人、打仗、打柴、打电话、打字、打酱油、打基础、打篮球、打工、打官司、打包票、打主意、打草惊蛇"等词,但这些词语中的"打"无法用英语对应词"hit"或"beat"来表达,而且英语中也很难找到与之语义范围相当的词。可见,汉语中的"打"字的语义范围要比英语中的"hit"和"beat"的语义范围宽广得多。

3. 内涵意义不同

无论在英语还是汉语中,许多词除了具有外延意义外,还具有内涵意义,即它们在人头脑中产生的某种联想。内涵意义不能单独存在,它必须附在其指称意义即概念意义之上。英语和汉语中有许多这样的词汇,如中国人看到"荷花"一词可能会在头脑里产生"出淤泥而不染"的联想,而英语中的"lotus flower"则没有这种内涵意义。另外,英语中有许多词有汉语所没有的文化内涵,如"individualism(个人主义)"。在英语中,"individualism"指的是一种社会学说,主张个人的价值和重要性在社会之上,这种学说在英语文化中广受欢迎。但在中国文化中,"个人主义"是指人际交往中以自我为中心的一种行为倾向和自私自利的一种心理取向,是一个含有贬义的词语。上述差异实际上是英汉民族对人与事物的不同态度或价值观在语言中的反映。

4. 风格、情感意义不同

风格意义,又称文体意义,与语言使用的社会环境有关,语言会反映出语言使用的社会环境的特征。谈话人之间的社会关系不同,他们使用的语言也会不同。人们谈论的话题不同,所使用的语言特征也会有差异。如"home""abode""residence"和"domicile"的概念意义都是"家""住所",但它们却在不同的场合使用。home 属于一般性的词汇,主要在人们日常的口头或书面交际中使用;"abode"属于文学用语,主要用于诗歌中;"residence"为正式用语,常用于书面的通知、说明、文告等;而"domicile"则是法律用语,主要用于法律文件中。

因历史和文化背景的不同,每种语言都有一部分词汇具有一定的情感意义。

所谓情感意义，是指语言使用者表露于语言中的感情与态度。例如，"龙"在中国文化中有着特殊的地位和意义，这一词汇包含着"唯我独尊""至高无上"的含义。"dragon"一词在英语中不但没有"龙"在汉语中的意义，甚至还有"邪恶"的意义。又如，英语中的"propaganda"意为"宣传"，而"宣传"在汉语中属于一个中性词汇，有时甚至带有褒义，但在英语中，"propaganda"常和当年纳粹的反动宣传联系在一起，带有贬义。

5. 联想、搭配意义不同

英语和汉语中有一些词汇本身并不具有特定的内涵，但却很容易使人产生联想，从而联想到另一件事物。例如，"干杯！"一词以前常译为"Bottom up！"，但现在"bottom"一词很容易使人联想到"臀部，屁股"，因此现在基本上都译为"Cheers！"。搭配指词汇在同一语境中共同出现。搭配意义由一个词和经常与它连用的词语引起的联想构成。词汇不同，其搭配范围也不相同，即使词汇相同，但与不同的词搭配，其产生的联想意义也不相同。例如，汉语中的"副"字常与表示职务的词语搭配，如副主席、副总理、副总裁、副经理、副团长、副教授、副厂长等。与汉语中的"副"相对应的英语词有"vice""deputy""associate""under"，而这些词区分的不只是地位，还有其他方面的特征。每个词分别要与不同的词搭配，并代表了不同的意义。英语文化需要这些词来区分人的地位、职责和其他方面的差异。而传统中国文化注重尊卑有序，地位上的差异掩盖了其他的差异，因此汉语只需要作为地位标志的一个"副"字，由此可见英汉词汇搭配意义的差异。

（四）英汉词汇词序的比较

英汉词序有相同之处，也有不同之处，其不同之处主要表现在以下几个方面。

①英语句中的修饰语如果是单词，一般放在中心词前面；如果是短语和从句，一般放在中心词后面。汉语定语无论是单个的字还是词组一般都放在中心词前面。

②英汉语言的状语位置差别也很大。在正常情况下，英语的谓词状语可出现在动词前后，汉语的谓词状语倾向于出现在动词之前。英汉语言的时间状语和地点状语有单位大小之分。几个同类状语同时出现时，英语中的正常顺序是先小后大，汉语则先大后小，两者的顺序完全相反。

③由于文化背景不同，某些词语的排列顺序也不同。例如，"joy and sorrow"译为悲欢、"fire and water"译为水火、"track and field"译为田径、"one and the same"译为同一的、"rain and shine"译为不论晴雨、"suffer from cold and hunger"译为饥寒交迫。

二、词汇翻译方法

（一）根据上下文翻译

上下文之间存在着紧密的关联，这种关联也构成了特定的语言环境。正是由于这种特定的语言环境，才能帮助读者判定词义，并衡量所选择的词汇意义是否准确。事实上，不仅某一个单词需要从上下文进行判定，很多时候一个词组、一句话也需要根据上下文来判定。人们可以根据文中所叙述的事物的内在关系来判定词义，也可以根据组成文章的词句之间的语法关系来判定词义。到底选择哪一种，需要根据具体的文章来判定。

（二）根据词性翻译

很多英语词汇往往有着不同的词性，即一个词可能是名词也可能是动词。因此，在进行翻译时，译者需要确定该词的词性，然后再选择与之相配的意义。例如，"like"作为介词，意思为"像……一样"；"like"作为名词，意思为"喜好"；"like"作为形容词，意思为"相似的"。这时就需要根据原文意思改变原文中某些词的词类，使得译文通顺自然，合乎译入语的表达习惯。

1. 名词与动词的转换

汉语的一大特点就是动词用得比较多，除了动宾结构外，还普遍使用连动式和兼语式等结构。与汉语相反，英语句子中较少使用动词，一个句子通常只有一个谓语动词。因此，在英译汉时需将名词转换成汉语的动词，并相应地对其他句子成分进行调整；汉译英时，则需将动词转换成英语的名词，同样对其他句子成分做相应的调整。当然，名词与动词的相互转换也有与上述相反的情况，英译汉有时要将动词转换成名词，汉译英有时也要将名词转换成动词。

2. 形容词与动词的转换

英语形容词往往具有动词的意义，尤其是表示感觉和情感的形容词。因此，在英译汉时，需要把"系动词+（表示感觉、感情等的）表语"结构中的形容词转换成相应的动词；汉译英时则相反。

3. 名词与形容词的转换

英语中有许多形容词都有抽象名词的形式，而汉语中的形容词绝大多数没有名词形式。因此，英译汉时，英语中的这类名词可以转换为汉语中的形容词；而汉译英时，有些形容词可以转化为英语中的名词。

4. 副词与形容词的转换

英汉互译时，副词和形容词之间往往可以相互转换。

（三）根据搭配翻译

英汉两种语言由于受历史文化的影响，都有着各自的固定搭配。因此，在翻译时，译者应该注意，否则就会让人费解。例如，"heavy news"译为令人悲痛的消息、"heavy crops"译为丰收、"heavy sea"译为汹涌的大海、"heavy road"译为泥泞的道路，"heavy eyebrows"译为浓眉、"thick cloud"译为浓云、"strong tea"译为浓茶等。

（四）根据词义褒贬与语体色彩翻译

词汇意义包含喜欢、厌恶、憎恨等感情色彩，也包含高雅、通俗、庄严等语体色彩，因此在翻译时需要根据上下文对其进行区分，并且将其代表的情感色彩与语体色彩体现出来。

三、词汇翻译教学的策略选择

（一）正确理解词汇

在词汇翻译教学中，教师首先要重视对词汇内在含义的正确理解与处理，才能在两种语言对比过程中对具体词汇进行翻译，同时要注意以下几个方面的内容。

一个人认识词汇的能力总是有限的，翻译时碰到不认识的词的可能性很大。在翻译过程中，常考查多义词，这时我们千万不能想当然，受思维定式的影响，按照自己印象最深或最熟悉的词义去理解，而是应当充分利用上下文来分析和确定词义。名词是很活跃的一类词汇，一个名词用作单数或复数、用作可数或不可数、前面有没有定冠词，它的意义都是大不相同的，因此，在有名词出现的翻译中要格外注意名词的形式。

一个词在词典中尽管有许多意思，但是用在某个特定的句子中，和不同的词汇进行搭配时，以及在不同的语法结构中，通常只有一个确定的意思。因此，我们在翻译时要善于抓住词汇的搭配和语法结构来确定词义。

很多词在具体的翻译中是不能简单套用词典中现成的解释的，这就要求我们根据词汇的内涵和引申意义准确把握词义。

(二) 注重词汇的实践意义和文化意义

教师应持续改进词汇翻译教学方法。传统词汇翻译教学的重点是对于词汇、语法知识的讲解，因此教师应转变教学思路，注重对语言的实践性和学生人文素养的培养。教师应深挖词汇翻译教学内容，充分发挥语言作为文化和思想双重载体的功能，提升学生的批判性思维能力。

第二节 句子翻译教学

一、英汉句子的比较

(一) 形合与意合

形合与意合的差异可以说是英汉两种语言在结构上最基本、最主要、最根本的差异。奈达认为，从语言学角度来说，汉、英语言之间最重要的区别特征莫过于形合与意合的差别。刘宓庆指出，形合与意合是汉英语段间的"异质特征"。

形合与意合是语言组织法，是语言连词成句的内在依据。形合与意合的概念有广义和狭义之分。广义上的"形合"包括显性的语法形态标志和词汇两种形式手段，指一切依靠语言形式和形态手段完成句法组合的方式，包括语汇词类标记、词组标记、语法范畴标记、句法标记、分句与分句之间的句法层级标记、句型标记、句式标记等。而狭义上的"形合"仅指词汇手段，即语言中词与词、句与句的结合主要凭借关系词和连接词等显性手段。广义上的"意合"指不借助形式手段来体现词语之间或句子之间的意义或逻辑关系，而狭义上的"意合"仅指句子层次上的语义或逻辑关系。

实际上，就自然语言而言，并没有完全的形合语言和意合语言，只是某一种语言侧重于哪一方罢了。许多中外学者经过研究认为，英语是形合特征明显的语言，而汉语是意合特征明显的语言。

英语是重形合的语言，"造句注重形式接应，要求结构完整，句子以形寓意，以法摄神，因而严密规范，采用的是焦点句法"。正因为英语遣词造句时注重形式连接，因此其连接手段和形式十分丰富，包括介词、连词、关系代词、关系副词、连接代词、连接副词等。英语这些显性的连接词在相应的汉语句子中则没有或很少出现。

与英语相比，汉语具有显著的意合特征，即"造句注重意念连贯，不求结构齐整，句子以意役形、以神统法，因而流泻铺排，采用的是散点句法"。汉语中，隐形的语法比重较大，也较少使用显性连接手段或连接词，句子各成分之间的逻辑关系主要靠上下文和事理顺序来间接显示。汉语句子在翻译为英语句子时，则需要将连接词补上。

（二）静态与动态

英语句子多用名词，并且名词的使用频率大大高于动词，因而叙述呈静态；汉语句子多用动词，因而叙述呈动态。

英语的静态倾向多体现在名词化现象上，它主要指用名词来表达原来属于动词或形容词所表达的概念，如用抽象名词来表达动作、行为、变化、状态、品质、情感等概念。名词化是英语的普遍现象，它往往可以使表达更为简洁、造句更为灵活、行文更为自然，便于表达较为复杂的思想内容。在英语句子中，动词的使用受到限制，一个句子只能有一个谓语动词；英语具有强大的派生构词法，英语的动词和形容词大多有相应的名词形式，再加上英语的介词十分丰富，这就使英语句子的表述倾向于静态，尤其是在政论文体和科技文体中更是如此，因为静态表述的句子结构比较严谨，具有庄重感和严肃感，更能体现出哲理性和科学性。由于英语名词和名词化短语的使用十分普遍，再加上英语句子呈现形合的特点，这必然导致介词的使用最大化，因而产生了介词优势。介词优势与名词优势结合，使英语的静态倾向更为显著。英语静态倾向还体现为英语中常常使用一些含有动态意义的形容词和副词来表达动词的意义，还体现为其动词的弱化和虚化。总之，英语常常通过动词的派生、转化、弱化和虚化等手段，采用非动词的形式，如名词、介词、形容词和副词等，来表达动词的意义，因而叙述呈静态。

第三章　中外语言文化翻译教学

与此相比，汉语的动词没有形态变化，无谓语动词和非谓语动词之分，无定式和非定式之分，前后左右不像英语动词那样都要受到限制，而且汉语的动词注重动态描写，不仅可以作谓语，而且还可以自由地作主语、宾语、定语、状语和补足语等成分，因而使用起来相当方便。因此，汉语的特点是多用动词，尤其是在表达复杂的思想时，常常借助动词，按时间顺序或逻辑顺序逐步交代、层层推进。

（三）英汉语序的比较

除了形合和意合方面的对比外，英汉两种语言的语序也是一个重要的对比方面。英汉两种语言最基本的语序都是 SVO（主＋谓＋宾），因此，只要是简单的句子，阅读起来没有什么困难。美国人说"I bought a book."，中国人说"我买了一本书"，都不用克服语序不同造成的障碍。只要将语言简化到这一步，电脑翻译就成为可能，但英汉两种语言在表达思想时并不是只用这类简单的句子，只要句型一复杂，语序造成的障碍就显而易见了。例如，"I bought a book yesterday."就不能译成"我买了一本书昨天"。这时，将时间副词移位就是翻译时必须要做的。但是，大部分人都会觉得这种移位并不构成太大的障碍。事实上，有些英语句子十分复杂，语序不同造成的障碍十分大。

另外，英汉两种语言中从句（子句）语序的差异也是翻译过程中要注意的问题。以状语从句为例，英语中有些状语从句可以放在主句前，也可以放在主句后。除了状语从句外，定语从句（或称形容词子句）的位置也有必要对比。英语定语从句都是放在所修饰的词的右边，但汉语的形容成分（定语从句）都是放在所修饰词的左边。

句法对比中另一个值得注意的是被动语态的对比。英汉两种语言中都有被动句，但它们使用被动句的场合不完全一致。第一，英语语法十分严谨，一个句子必须有主语，汉语则不然，不用主语的句子是经常可以见到的。结果，英语只能用被动语态的句子，汉语可以用主动句，但汉语用主动语态时不一定要用主语。英语必须有主语的这一规则使英语的使用有了很大的限制，而汉语既有被动结构，又不一定要用主语的特点，反倒使是否用被动句成为一种选择。第二，翻译中要注意的问题是汉语被动句的无形式标识特性。汉语的被动句不一定要用"被"字，有些译者常犯的错误就是不停地使用"被"字。汉语中还有"受""遭""为"等都能起到相同的作用，译者要灵活运用。

（四）英汉句子结构的比较

主语凸显是指主语和谓语这两个语法成分是句子的基本结构，句子中通常要有主语和谓语。话题凸显是指句子的基本结构是信息单位话题和评说的语言。

英语句子有严谨的主谓结构，主语不可缺少，谓语动词是句子的中心，两者强调协调一致，因此，英语句子主次分明、层次清楚、严密规范。英语句子的主谓结构可归纳为五种基本句型，即 SV（主+谓）、SVP（主+系+表）、SVO（主+谓+宾）、SVoO（主+谓+间宾+直宾）、SVOC（主+谓+宾+宾补）等。英语中其他各种长短句子，一般都可以看作这五种基本句型的变式、扩展、组合、省略或倒装，且所有句型中都必须含有"SV"结构，因此英语属于主语凸显的语言。

在汉语里，主语和谓语之间的关系与其说是施事与动作的关系，不如说是话题和说明的关系，施事与动作可以看作话题和说明的特例。因此，在汉语里用含义更为广泛的话题和说明也许要适合得多。的确，使用这一观点分析汉语句子，更能客观地反映出汉英句子在句式结构上的异同。汉语是注重话题的语言。汉语常常将话题，即说话人想要说明的对象，放在句子的开头处，如果语言环境或上下文能暗示话题，也可省略，而将说明部分置于话题之后，对其进行说明或解释。

（五）英汉句子表达的比较

汉语句子在描述事物和阐述事理的过程中习惯使用人称表达法，即用人或有生命的事物作主语。英语句子常用物称表达法，让事物以客观的口气呈现出来，使叙述显得客观公正，语气委婉间接。英语用非人称作主语，使用抽象名词或无生命的事物名称作主语，同时使用表示人的动作或行为的动词作谓语，此句式常常带有拟人化的修辞色彩。

英语常用被动语态表示物称表达法；汉语常用主动式，采用人称、泛称或隐称表达法。英语使用被动语态，可以让叙述的事实或观点以客观、间接和婉转的方式表达出来，避免主观臆断。汉语中却少用或不用被动语态式，而较多用主动式。中国人的思维重"事在人为"，人的动作和行为必然是由人做的，事或物不可能自己去完成这些动作和行为，因而表达时常常说出施动者，采用人称表达法；若无人称，则采用泛称，如"有人""人们""大家""人家"等；当主语不言自喻时，汉语又常常采用无主语句，即在句中常常隐含人称或省略人称。

二、句子翻译方法

（一）长句的翻译方法

从语法上分析，英语长句常常是一个主句携带大量从句（或其他修饰语），使得英语句子冗长复杂，通常我们把带有这种现象的英文句子称作"英语长句"。英语属于"综合分析"语，其句子主干突出，句子结构呈树式；而汉语属于典型的分析语，缺乏形态变化，句子结构犹如一根竹子，一节节连接下去。因此，在翻译英语长句时，要充分分析和体会长句的句法特点，在保留原文意义、语言特色的基础上，尽量使译文符合汉语的行文习惯，使译文不产生烦琐、拖沓的感觉。

1. 长句翻译步骤

通常，英语长句可采用以下步骤进行翻译。

（1）分析

翻译英语长句时，首先要对句子进行分析，要仔细观察句子的内部结构，弄清楚修饰成分与中心词之间的语法和逻辑关系，然后再从整体上理解长句。

（2）确定主干

英语长句呈树式结构，十分复杂，尽管如此，但英语长句的主干（主、谓、宾）非常突出，只要将烦琐的枝叶剪去，就可以找到主干。也就是说，在翻译英语长句时，要从整体上把握句子，将信息简化，不要过多地注意句子的细枝末节。

（3）转换单位

原文中的长句作为整体，它可以在译文中找到自己的对应物，但它自身的各个组成部分在译文中则不一定是一一对应的。小句既稳定又灵活，因此小句是翻译过程当中的最佳转换单位。小句一般为主动结构，包括限定式小句、非限定式小句和无动词小句三种类型。

（4）重新组合

译者将转换后的汉语小句按照汉语民族的逻辑思维来调整语序，并运用连接词将各个独立的小句连接起来，可以达到前后连贯、表达流畅的目的。长句可以按逻辑顺序翻译、按时间顺序翻译，并且适当使用关联词语。英语重形合，造句注重形式接应，句中多用关联词语；而汉语重意合，造句注重逻辑事理顺序，较少甚至不用关联词语。鉴于这种差异，译者在翻译英语长句时，应恰当使用关联词语，以使译文符合汉语的语言特点。并不是说在汉译文中不能使用关联词语，在恰当的时候是可以使用的，有时甚至是非用不可的。如何恰当地使用关联词语取决于汉语译文的需要，同时也取决于译者对母语的语感。母语语感在翻译中有着重要的作用。

（5）核译

核译是指以原文为依托，对译文进行校核和润色。译者在校核时，除了仔细核对长句的细节外，还要放宽视野，在更大的语境中检查译文。润饰译句主要是针对译句的风格而言的，通常在原译文正确的基础上进行，以使译文更加贴切。

2. 长句翻译技巧

（1）依次而行

依次而行也叫顺序法，就是按照顺序进行翻译。顺序法并不意味着每个词都按照原文的顺序翻译，要允许小范围局部的词序变动。顺序法通常适用于英语表达顺序与汉语表达顺序基本一致的情况下。显然，在翻译时，译文按照原句的顺序来翻译，当然并不是字字对应的，而是有些许的变动。同时，译文也体现了汉语的独立分句的表达习惯，也易于汉语读者理解。

（2）以退为进

以退为进与依次而行恰好相反，也叫逆序法，就是逆着原文的顺序进行翻译，因此通常从原文后面部分开始翻译。逆序法通常适用于英汉表达顺序存在较大差异甚至完全相反的情况下。

（3）一分为几

一分为几是指将英语中的词、词组或从句等成分进行拆分，突出重点，利于句子的总体安排，也可以称为"拆译法""分译法""分句法"。如果英语长句中的主句与从句，或主句与修饰语之间的联系不太紧密，翻译时就可采用拆译法进行处理。英语句子重形合，汉语句子重意合，这是英汉两种语言句子结构的根本差异之一。英语句子的各种成分前后都可有各种各样的修饰语，主从句之间有连接词，短语可以套短语，从句可以套从句，因而英语句子长而复杂。汉语造句采用意合法，少用或不用连接成分，叙事按时间或逻辑顺序安排，因而语段结构流散，语义层次分明。这就使汉语中散句、松句、紧缩句、省略句或流水句较多，而长句较少。

因此，英汉翻译时，往往需要根据意合的原则，改变原文的句子结构，化整为零,化繁为简,将原文译为并列的散句或分离的单句,以适应汉语的表达习惯,这就是分译法。分译法既适用于翻译单个的单词、短语,也适用于翻译简单句,还可以用来翻译长句或难句。

(4)合几为一

合几为一实际上就是指合译法,即将原文中两个或两个以上的英语词语或句子合译为一个汉语单词或句子,或用一个单句表达原文中的一个复合句,从而使译文逻辑更加清晰。

(5)综合运用

在翻译的过程中,有时单单使用一种翻译策略并不奏效,而是需要综合运用各种策略。采用综合法翻译英语长句,是在理解原文信息的基础上,摆脱原文在句子结构与形式方面的束缚,将顺序法、逆序法、拆分法、合译法等结合起来,按照译入语的习惯来进行重组,以此来实现自然通达的表达效果。

英语语言的表达习惯往往是将重点部分或概括部分放在句首,然后分析叙述次要部分,而汉语则往往从小到大,按时间或逻辑顺序层层推进,最后得出结论、突出主题。虽然在英汉翻译过程中,使用前面所讲的几种方法的确可以解决很多问题,但实际上,英语中有很多长句,纯粹运用顺译法、逆译法或分译法,并不能解决实际问题。那么,在这种情况下,更多的是根据具体情况,并结合上下文,将这几种方法结合起来,或按照时间的先后,或按照逻辑顺序,顺逆结合、主次分明地对长句进行综合梳理,这种翻译方法称为综合法。使用综合法可以灵活变通长句语序,使译文的句法通顺自然,更符合汉语的表达习惯和中国人的思维表达方式。

(二)否定句的翻译方法

英语中的否定句具有非常灵活的形式。在对否定句进行翻译时,应对原否定结构进行仔细分析,准确理解其真正含义以及否定词所否定的对象或范围,结合其逻辑意义,选用合适的翻译策略。

1. 全部否定句的翻译方法

对句子否定对象进行全盘、彻底的否定就属于全部否定,常使用"no""not""never""none""nothing""nobody""no one"等表达方式。在翻译全部否定句式时,通常可直接翻译全部否定词,但应确保符合译入语的表达习惯。

2. 双重否定句的翻译方法

双重否定句常将一个否定词与一些表示否定意义的词连用,或者将两个否定词进行连用，从而使否定意义相互抵消，使句子获得肯定意义。双重否定句既可译为汉语肯定句，又可译为汉语的双重否定句。

3. 部分否定句的翻译方法

在部分否定句中，整个句子的意义一部分是否定的，而另一部分是肯定的。一般来说，部分否定句由否定词与代词或副词组合而成。这些代词或副词有"both""every""all""everything""everybody""entirely""wholly""everywhere"等。在对部分否定句进行翻译时，常将其译为"并非都""不总是""不都是""不一定总是"等。

4. 意义否定句的翻译方法

与汉语相比较，英语中否定的表达是多样的，常见的是词法否定，而除此之外还存在着一种句法否定，即在形式上肯定，但是包含否定的意义，这就是所谓的意义否定句。对于意义否定句的翻译，译者可以根据语气的强弱来考量，并结合汉语的表达习惯来进行翻译。如果语气较强，那么翻译时可以采用否定句型；如果语气较弱，那么翻译时可以采用肯定句型。

5. 词缀否定句的翻译方法

在英语否定句中，否定意义的词缀也是非常常见的，如"dis-""im-""less-"等。也就是说，这些词缀中隐含着否定词"not"的意义，因此翻译时应该按照目的语的习惯，将其翻译成否定形式，当然如果有时候无法将"没有""尚未"等词加入进去，译者也可以巧妙应对。

（三）被动句的翻译方法

语态是动词表示主语与谓语关系的一种形式，可分为主动语态和被动语态两种。主动与被动虽是人类认识客观世界的两种不同的角度，但都表达了同一个事实。两者在意义上的差别在于：主动语态表示主语是谓语动词动作的执行者，叙述强调的是动作；被动语态表示主语是谓语动词动作的承受者，叙述强调的是动作完成后所呈现出来的状态。

主动与被动表现形式的差异主要取决于语言自身的特点，但同时与一个民族的文化和思维方式有关。中国文化的最高境界是"天人合一"。中国的传统哲学注重物我合一，强调思维上的整体观，在"物"与"人"的关系上，强调"万物与我为一"，也就是说，在人和万物之间和谐统一的关系中，人要起主导作用，体现了中国人思维模式中的主体意识。这种主体意识使中国人认为行为和动作一定是"人"这个主体才能进行和完成的,于是汉语中许多时候,不管是表达主动意义还是被动意义,句子多用主动句来表示。西方哲学讲究物我分明,主客体对立,所以,在西方人的思维中,该强调物时,就是客体意识;该强调人时,就是主体意识。这体现在主动句和被动句的使用上,当强调"人"即动作的执行者时,就用主动句;当强调"物"即动作的对象时,就用被动句。

英语是形合语言,具有丰富的形态变化,特别是动词。英语的被动句是由被动语态来表达的,由"be+动词的过去分词"构成,是显性的。汉语是意合语言,基本上没有形态变化,动词本身也不具备被动语态,所以汉语被动含义的表达缺乏形态形式标志,是隐性的,是依靠其他手段实现的。

1. 英语被动句的翻译方法

①译为汉语带形式标志的被动句。英语的被动句如果表示的是不幸或不愉快的事,而且句中带有施事者,可以将其译为汉语的被动句,用"被""给""让""叫""由""为"等词引出动作的执行者。

②借助汉语的词汇手段表示英语的被动句。

③译为汉语的意义被动句。英汉两种语言中都有意义被动句,它们形式上是主动句,但从逻辑意义上分析,却是被动句。汉语中的意义被动句比英语中的意义被动句多很多,因此不少英语被动句可译成汉语的意义被动句。

④被动句中的状语译为汉语的主语、原主语译为宾语。当被动句中有由介词"by"引起的状语时,可将这种状语译成汉语的主语,而将原主语译为宾语。

⑤译为汉语的泛指人称句。通过增加泛指主语,如"人家""大家""别人""有人""人们"等,将英语被动句译为泛指人称句。

除此之外,英语被动句还可译为汉语的无主句、"把字句""进行句"等。

2. 汉语句子向英语被动句的转换方法

①将一些表示情感变化的主动句译为英语的被动句。汉语中表达由客观环境造成的处境、感受和情感上的变化时,句子常用主动形式;而英语在表达由客观环境造成的处境、感受和情感上的变化时,句子常用被动形式。

②将一些汉语中的话题评说句译为英语的被动句。汉语中有一些话题评说句,这类句子可以被译为英语的被动句。汉语中还有一些存现句,也可以被译为英语的被动句。

③将汉语中的一些意义被动句译为英语的被动句。

④将汉语中的无主句和泛指人称句译为英语的被动句。无主句是汉语中经常

使用的句型。这类句子通常省略主语或隐含主语。处理这类句子最常用的方法就是将其译为被动句。泛指人称句指句中的主语是"大家""人家""有人""他们"等的句子。这类句子的主语所指不确定，其重要性不及宾语，因此常将这类句子译为被动句。

⑤将汉语中一些被动句直接译为英语的被动句。这类句子主要有两种：一种是带被动标志（如"被""为""叫""给""由"等）的被动句；另一种是借助词汇手段，如"受（到）""遭（受）""挨""得到""加以""给以""予以"等构成的被动句。

⑥将汉语中的"是……的"结构译为英语的被动句。汉语中的"是……的"结构可以用来说明一件事是怎样的，或在什么时间、什么地点做的，带有解释的语气，英译时常常被译为被动句。

⑦将汉语中的"把"字句和"使"字句译为英语的被动句。汉语中有一些"把"字句和"使"字句，根据表达的需要，可以被译为英语的被动句。

三、句子翻译教学的策略选择

（一）根据语境改进句子翻译方式

在句子翻译教学中，教师可为学生建立相应的句子教学情境，并在此基础上改进句子翻译的方式，在帮助学生对语句进行正确翻译的同时，促使他们将写作能力和英语知识转化为翻译能力。教师有针对性地选择相适应的句子翻译模式，可强化学生对于翻译材料的理解。学生在翻译句子时需要结合具体的语境，根据上下文的内容来进行。

在句子翻译中也要巧用修饰手法，例如，在翻译"这个产品很好"时，学生会翻译成"This product is good."。然而这种翻译太过于平常，无法使阅读者体会到产品的优势，也不会了解产品到底好在哪里。因此，教师可以指导学生结合全文，将"good"变为"graceful""useful"等。在不改变主体意思的情况下进行适当的修饰，更容易使人体会到产品的好，也能体现出一定的亮点。教师可通过这样的教学策略，改进翻译的方式，培养学生的语言素养及翻译能力。

（二）注重句式的改变

由于英汉两种语言在句式方面存在巨大差异，在翻译汉语长句时，必须厘清各分句之间的逻辑关系，才能译出逻辑严密、结构严谨的英语句子。汉语句子的特点是意合，所以很多时候没有连接词，但是英语句子的特点为形合，各部分之间的修饰关系非常明确。因此，在翻译复合句的时候应当特别注意，尤其是汉译英的时候，教师应培养学生仔细阅读原文的习惯，厘清字句之间的逻辑关系，在将复合句翻译成英语时根据各自的功能翻译成主句和从句。

在句子翻译教学的过程中，教师需要让学生综合考虑主语、动词、限定词、时态、语态等，当然标点也是要考虑的。

对于简单句而言，把握主语和谓语是关键。在汉译英时，汉语中如果出现主语省略现象，译者可以按照汉语表达习惯采用无人称结构或找出隐含的主语，套用汉语对应的表达结构，注意人称时态的配合和词组搭配。

对于长句来说，首先要分析其语义层次、逻辑关系，是属于并列复合句还是主从复合句。如果是并列复合句，那么先分析动词之间的主次关系；如果是主从复合句，那么要分析出从句所起到的作用，是表示结果、让步、时间、条件、目的，还是表示原因，然后添加对应的连接词即可。

（三）加强语言表达能力的培养

语言是翻译的基础，且翻译效果的好坏很大程度上取决于译者对两种语言的掌握程度。就英汉句子翻译来讲，译者要想翻译出较好的句子，除了要分析原译文的句子之外，目的语语言表达能力也是非常重要的影响因素之一。语言表达能力的提高反应在英汉句子翻译中就是要对英汉句子在词序、语序表达上的差异认知准确，两种语言之间转换自然。要想能够用地道的中文翻译英语句子，就必须要有较高的中文功底，这要求我们教师在日常教学中要强调母语的重要性，让学生自觉主动地学好规范的汉语，从而为英汉句子翻译打好稳固的基础。

第三节　语篇翻译教学

一、英汉语篇的比较

英汉两种语言在篇章结构上存在着一些相似的地方，首先，在表现形态上，灵活性比较强，可长可短。其次，篇章是由段落组成的，而段落是由句子组成的，因此篇章的功能和意义是按照一定的组织结构来进行表达的。最后，英汉的篇章都要求内容的一致性以及结构的衔接性,为了实现这一目的,英汉篇章都会采取各自有效的衔接手段。但是,英汉两种语言在语篇层面也存在着一定的差异。

(一) 英汉语篇的共同点

1. 语义的连贯性

"完整语义"的语篇必须是一个语义单位,应合乎语法,语义连贯,有一个论题结构或逻辑结构,句子之间有一定的逻辑关系。语篇中的段落或句子都是在这一结构基础上组合起来的。一个语义连贯的语篇必须具有语篇特征,所表达的应是整体意义。语篇中的各个成分应是连贯的,而不是彼此无关的。

2. 衔接手段相同

衔接是将语句聚合在一起的语法及词汇手段的统称,是语篇表层的可见语言现象。从语篇的生成过程来看,它是组句成篇必不可少的条件。在英汉两种语言中,语义的连贯都要靠种种衔接手段,即语篇组织。

3. 显性连贯和隐性连贯

连贯可分为显性与隐性两种情况。显性是体现于词汇、语法、结构等语言表层形式的;隐性则是语境和语用因素中蕴含的连贯。衔接是连贯的外在形式,连贯是衔接的内在意义,两者既统一(显性连贯),又不统一,即并非有衔接就是真正连贯的语篇,无衔接的也可能是真正连贯的语篇(隐性连贯)。

总之,语义连贯是语篇的实质,而种种有形的衔接是其组织形式。单有衔接而无连贯不是语篇,两者皆备是显性连贯,有连贯而无衔接是隐性连贯。这种情况,英语、汉语概莫能外,但并非彼此对应,即英语的显性连贯译成汉语可能是隐性连贯,反之亦然。

连贯的语篇是思维连贯性的语言表现。思维的连贯性就是思维的逻辑性,这是人类理智的共同特征和功能,是人与人之间的交流沟通及双语互译的根本保证。缺乏逻辑性或违背逻辑的任何语言符号,既无意义,也产生不了真正的语言交际。

因此,可以说,形成语篇的根本是逻辑,理解语篇的根本也是逻辑,一切语篇无不深藏着思维的逻辑。自然语言丰富多彩,种种语言中变化无穷的语篇之所以具有共性和相通性,关键就在于逻辑的普遍性。明确这一点,乃是分析语篇、理解语篇的基础,也是英汉语篇对比的基础。也只有明确这一点,人们才会明白语义相同的语篇,其衔接与连贯的不同只是语言形式上的,只有把握其内在逻辑的一致性，才能保证语义内容的忠实传达。

4. 文体的多样性

自然语言的千差万别可以归为文体、体裁、语体和风格的不同，包括口头与书面、正式与非正式、不同语域和区域性的语体分别，不同时代的文风差异，诗歌、散文、小说、论述、应用等各具特色的体裁划分，因人而异的不同风格。文体多样性在英汉语言中同样存在，它们的分类也大体相同，且各种分类都能在译语中找到相对应的形式。

（二）英汉语篇逻辑连接的比较

1. 显明性与隐含性

所谓显明性，是指英语中的逻辑关系是依靠连接词等手段来衔接的，语篇中往往会出现"but""and"等衔接词，这可以被称为"语篇标记"。相反，所谓隐含性，是指汉语语篇的逻辑关系不需要用衔接词来标示，但是通过分析上下文可以进行推断与理解。英语属于形合语言，汉语属于意合语言，前者注重形式上的接应，逻辑关系具有高度的显明性，后者注重意念上的衔接，因此具有高度的隐含性。

2. 浓缩性与展开性

除了逻辑连接上的显明性，英语在语义上具有浓缩性。显明性是连接词的表露，是一种语言活动形式的明示，但是浓缩性并未如此。英语具有独特的思维方式与语言特点，这也决定了表达方式的高度浓缩性，如果将其按部就班地转化成中文，那么必然是不合理的。汉语呈现展开性，即常使用短句，节节论述，这样便于将事情说清楚、说明白。

3. 直线性表述与迂回性表述

英汉逻辑关系的差异还体现在表述的直线性与迂回性上。英语侧重开门见山，将话语的重点置于开头，然后再逐层介绍。汉语侧重铺垫，先描述一系列背景与相关信息，最后总结陈述要点。

（三）英汉语篇表达方式的比较

1. 主语与主题

英语属于主语显著的语言，其凸显主语，除了省略句，其他句子都有主语，且主语与谓语呈现一致性关系。对于这种一致关系，英语中往往采用特定的语法手段。汉语属于主题显著的语言，其凸显主题，结构上往往包含两个部分，一部分为话题，另一部分为对话题的说明，不存在主语与谓语之间的一致性关系。

2. 主观性与客观性

西方人注重客观性思维，因此英语侧重物称，往往将没有生命的事物或者不能主动发出动作的事物作为主语，并以客观的口气加以呈现。中国人注重主观性思维，因此汉语侧重人称，习惯将有生命的事物或者人物作为主语，并以主观的口气来呈现。受这一差异的影响，英语中的主被动呈现明显的界限，且经常使用被动语态，而汉语往往以主体为根本，不在形式上有所拘泥，句子的语态也是隐含式的。

二、语篇翻译方法

（一）语篇衔接翻译方法

1. 语法衔接

语法衔接指借助构造句子的语法手段，即标示词语之间的结构关系实现语篇的衔接和连贯。这些因素可以是具有语法功能的词语，也可以是词语的特定语法形式，还可以是无特定词语的纯结构形式。

（1）英汉语法衔接的差异

英语的语法衔接是一种显性连贯，而汉语的语法衔接接近于隐性连贯。英语的显性连贯借助形态变化和形式词，明显地标明词语之间、短语之间或小句之间的语法关系。形态变化包括起构词作用的构词形态和表示语法意义的构形形态。英语有形态变化，而汉语中却没有严格意义的形态变化。英语中的形式词指用来表示词语间、句子中小句间和语段中句子间关系的起连接作用的词。英语中作为衔接手段和形式的词，不但数量大、种类多，而且使用频繁，主要的衔接手段和形式有介词、冠词、关系词（包括关系代词和关系副词）、连词（包括并列连词和从属连词）和其他衔接手段，如"it"和"there"。汉语造句更注重隐性连贯，以意统形，少用甚至不用形式手段，靠词语与句子本身意义上的连贯与逻辑顺序来实现衔接。

（2）英汉语篇语法衔接的转换

从替代关系上分析，所谓替代，指用词语代替前文的某些词语，但不是指称性的一致关系，而只是具有同等或类似语义。替代主要包括名词替代、动词替代和分句替代。替代在英汉语篇中都存在，且往往互相对应，但在互不对应、难以照译时，需要借助其他衔接或连贯手段。从省略关系上分析，省略是用词汇空缺的方式达到上下文衔接的目的。语篇分析中常将省略分为三类：名词性的省略、动词性的省略和分句性的省略。这三类省略多数是出于语法结构的需要。语法结构上的省略是英汉语篇衔接的常见形式。无论是英语还是汉语的语法结构上的省略，若无法忠实照译，都是以目的语的词语重复或替代解决问题的，但名词性省略一般对于英汉语篇而言是一致的。

汉译英时要特别关注的省略现象是汉语零位主语的问题。汉语的零位主语是汉语中的一种普遍现象，与英语中的省略并非完全是一回事。这是因为汉语不是主语突出的语言，组词成句是围绕主题展开的，所以汉语中的主语有时无须出现。这时，英语译文中就需要填补上。

2. 词汇衔接

词汇衔接指的是语篇中出现的一部分词汇相互之间在语义上的联系，或重复，或由其他词语替代。词汇衔接是一种运用词语达到语篇衔接目的的手段，包括语义的重复再现和各种指称关系。英汉语篇的词汇衔接手段，不但总的具体方式完全相同，而且几乎都能够对应照译，特别是在语义重复方面，但也有不一致的地方，尤其在指称照应方面的不同之处多些。

语义重复指运用同义词、近义词、上义词、下义词、概括词等构成的词汇链。它包括完全相同的语义词汇的直接重复，具有各种语义关系的词的同现，以及具有因果、修饰等组合搭配关系的词的同现。

指称照应是语篇衔接的重要手段，涉及人、物、事、时间、地点和词语等一切方面，既有对外部现实世界的外指，又有对语篇内语言要素的内指，既有回指，又有下指。英汉语篇在指称照应上的差异主要体现在人称指称和指示指称上。针对英汉翻译而言，人称指称和指示指称是最具实践和理论价值的语篇现象。人称照应在有些上下文中是至关重要的，如果理解不正确，译文就会出现错误。

3. 逻辑衔接

逻辑衔接是语篇内深层次的最普遍的衔接，是保证语篇连贯的必备条件之一。逻辑衔接也有显性与隐性之分。显性逻辑衔接指使用了"and""but""then""for"等连接词的衔接。隐性逻辑衔接指那些不使用连接词而靠语用、语境等实现的衔接。针对英汉语篇而言，逻辑关系总的来说是相通的，即时空、因果、转折和表示相类同的推延等基本的逻辑关系是一致的。但是，英汉语篇的逻辑关系有时也有差异，如英语的时空关系，汉译时常改为因果关系，反之亦然。总的来说，由于英汉连接词的差异和逻辑关系中显性与隐性的差异，在进行英汉翻译时，译者应选择正确的逻辑连接词或连接语，或隐或显，以使译文符合目的语的表达习惯。

（二）语篇语境翻译方法

为了传达某种思想，语篇作者往往会利用语境烘托气氛。具体来说，情境语境体现出了社会文化，是社会文化的现实化。在具体的语篇翻译过程中，译者也需要重视语篇语境的影响，发挥语境的信息提示功能。

具体来说，语篇翻译的过程需要译者对语篇结构进行思考与梳理，而语境是理解句子结构的重要线索。此外，语篇中的语境能起到补充成分的作用。这是因为语篇的连贯特征包含其省略的部分，而省略的前提是情境语境在发挥作用。省略是为了避免语言信息的重复，从而凸显主要信息，使文章更加连贯。但是，在具体的语篇翻译过程中，有时省略的部分不容易为人所理解，此时就需要译者发挥语境作用，进行针对性的翻译。

（三）语篇连贯翻译方法

在翻译中，如果一句一句孤立地看，有些译文似乎问题不大，但从通篇或整段来看，译文却犹如断线残珠，四下散落，没有贯穿连成一气的逻辑线索或脉络。究其原因，主要是忽视了原文中或显或隐的连贯性，没有在翻译中采取相应的衔接和连贯手段，使译文不能成为一气呵成的有机整体。由此可见，连贯性在翻译中起着非常重要的作用。连贯是指语篇中语义的关联。连贯存在于语篇的底层，通过逻辑推理达到语义连接。连贯的语篇有一个内在的逻辑结构，从头到尾将所有概念有机地连接在一起，达到时空顺序明晰、逻辑层次分明的效果。

实际上，连贯总是和衔接密切相关的，它们都是构成语篇的重要特征之一。但这两个概念也有区别，衔接是通过词汇和语法手段得以实现的，而连贯可以借助信息的有序排列实现。要实现语篇连贯，通常采用"明显"和"隐含"两种方法。前者与语篇的衔接有关，指运用词汇手段，如连词，来形成连贯标志；后者指信息的合理排列，是一种无标志的连贯。

在翻译过程中，译者最终提供给读者的是怎样的一个语篇，完全取决于译者对原文语篇内容的理解、结构的认识以及对译语语篇的构建能力。对于语篇连贯性而言，译者首先要充分把握原文，认清原文的逻辑层次和脉络，也就是说，要对原文语篇的连贯结构有明确的分析和把握，这是保证译文具有连贯性的前提。其次，在对原文语篇连贯结构充分理解的基础上，译者要依照译文的连贯模式和规律对原文语篇进行重新构建。

总之，翻译过程不仅是一种语言符号的转换过程，也是逻辑关系的转换过程和连贯结构的重新构建过程。从本质上看，这一过程涉及思维的转换过程，即译者的思路要经历一个从原文连贯结构到译语连贯结构规范的转换。这种转换体现着两种语言、两种文化的思维定式的对应、对照甚至冲突。这就需要译者在思维方式上进行调整、变通，并把这种调整在译语语篇的连贯结构中具体体现出来。

（四）语篇移情翻译方法

移情指的是作者基于自然景物之美而兴起的情感在作品中的体现。语篇艺术价值再现的关键就在于"移情"。只有借助移情的作用，语篇才能激发出读者和原作者相同的情感，从而使读者更好地体会作者的思想与文章的中心。

在语篇翻译过程中，译者需要体会原作者移情的使用方式，让自己进入语篇描写的世界，从而感同身受，提高译文的准确性。语篇移情的翻译技巧指的是整体把握语篇的内涵与神韵，确保原文和译文在语气、风格、形式上的一致性，让译入语读者和原文读者都能产生和作者相同的美感体验。

1. 原作的结构与作者的写作心理

体会原作的结构和作者的写作心理是分别从语言和思维的角度进行的语篇理解。译者需要从上述两个角度体会作者的表达想法，从而最大限度地顺应原文，尊重原作的结构与写作心理。

2. 目的语读者的阅读心理与标准

目的语读者的阅读心理和阅读标准对于语篇翻译也有着重要的影响。一般来说，译者在进行语篇翻译之前需要在心中预设译文的读者群，同时考虑该群体的审美心理和阅读标准。

三、语篇翻译教学的策略选择

(一) 树立语篇意识

"语篇"通常是指大于句子的一个语言片段。它长可以是一部著作,短可以是一首小诗、一则广告,甚至是一条简短的公示语。语篇不是任意堆砌而成的,它是结构和意义的统一体,在结构上具有衔接性,意义上具有完整性。因此,语篇可以说是一个能够独立实现一定交际目标的、语义连贯的整体。翻译就其本质而言是一种跨文化交际,其对象是具体语境中有着具体社会功能的一个语段,即语篇。翻译活动不是对文本的机械操作,而是具有能动性,译者必须根据语境分析语篇,以选择恰当的词句来进行语义转换。语篇翻译教学就是要立足于语篇的交际功能,联系情境语境,对比分析语篇的各个级层,结合文化语境等因素,通过培养学生的语篇意识,也就是整体意识,来提高学生的翻译能力。换句话说,要想真正实现语篇翻译教学,就要让学生了解语篇的特点及其交际功能,并在翻译过程中把语篇作为一个有机的整体来看待,重视语篇分析、语用意义以及文体风格,而不是孤立地处理词句和段落。

(二) 选择合适的文本

要真正贯彻语篇翻译教学,首先要有合适的文本。翻译文本作为知识的载体,是实现特定教学目标的重要保证。以语篇为基本对象和翻译单位的语篇翻译教学要求教师着眼于社会实际需求,尽可能地采用真实翻译项目中的翻译素材,在翻译这些文本的过程使学生更加真切和深刻地体会到翻译的实用性和交际性。选择合适的文本是语篇翻译教学的一个重要方面,文本的实用性、多样性和完整性都不容忽视。

(三) 应用合理的教学模式

语篇翻译教学强调翻译是一个动态的过程,更应该充分发挥译者的主动性与能动性,因此,教师的主导作用不容忽视。首先,让学生自行翻译所给的文本,并强调无论是在原文的理解阶段还是译文的再现阶段,始终要重视语篇分析,必要时查阅文本的相关背景和资料。其次,针对学生翻译过程中碰到的语篇内、语篇外的问题和难题，都要以探讨的方式进行交流。在具体语篇分析基础上的、结合交际语境的、有针对性的翻译教学将会使学生更容易接受，而经集思广益而形成的译文也将比现成的译文更合理，可以说，这是"以教带学，以学助教"策略的实施，教学效果自然更好。

语篇翻译教学要摆脱经验主义和主观主义的翻译教学策略，将认知体验、语篇分析等方法引入翻译教学中。

1. 体验性翻译教学

每一个翻译语篇都是作者的文学创作。译者要想精确翻译就必须身临其境，从作者的视角出发，了解作者语篇表达的含义，通过"身份呼唤"真切体会作者在完整语篇中的思想表达，这样才能做出对语篇片段的恰当翻译。语篇翻译应该减少"标准答案"，充分调动学生的翻译积极性，保障每个学生都能参与其中。

2. 互动性翻译教学

学生的译者身份建立在对语篇作者的充分了解之上，同时也要面对不同群体。也就是说，从语篇视角出发，翻译不仅是一个译者与作者间互动的过程，也是译者与译文读者间的互动。语篇翻译教学中，对相关文化知识与人文素养的渗透显得尤为重要。教师应帮助学生了解和认知原语篇中表达的实体和世界，同时帮助他们建立起翻译责任感，让学生清楚了解翻译意图，这样才能保证学生的翻译达到"信、达、雅"的标准。

3. 创造性翻译教学

语篇的建构原则包括连贯与衔接性、意图与可接受性、信息性、情境与篇际性。基于这些原则，语篇翻译具有创造性。在翻译教学中，教师应着重关注学生处理文化冲突能力的提升，帮助学生了解多元、多维度的文化共存，使其对输出的翻译语篇做合理加工、改造及创新，规避不必要的认知与文化差异，更加有效地提高翻译质量与内涵层次。

（四）构建综合评价体系

任何实践都有一个评价体系，以确保能够有效地检验实践活动的结果。语篇翻译教学视翻译活动为动态的交际活动，把翻译的对象当作一个完整的意义单位，把译文与原文的语篇对应当作翻译的标准。因此，教师对学生译文的评判不应只看某个单词、某个段落译得如何，还应该看语篇的整体效果，如语言是否衔接自然、语义是否连贯、信息是否完整等。

第四节　修辞翻译教学

一、英汉修辞的比较

修辞在英语中的概念是"The art of using words to persuade or influence others in speech or writing."。这个定义清楚地把修辞当作"在演讲或者在写作中为说服他人或影响他人的用词的艺术"。在古时候的西方，演讲者为了吸引观众而追求用词的艺术，以此增加演讲的效果，这个传统从古到今一直保留下来。西方人在诗学或者修辞学中，很确切地提出了比喻等修辞方法以及修辞风格的概念。

不论是古时候西方的哲学家或语言学家，还是近现代的哲学家或语言学家，都从各自的研究领域、研究方向对翻译语言的修辞进行了一定的描述。一些国内的学者也从各种不同的角度阐述了修辞的特性，如修辞是一种言语行为，言语行为的目的就是交流，而交流又是为了保证信息和情感之间的互动，互动是基于平等基础上的沟通，要想沟通就要对话。

（一）英汉比喻的比较

比喻是增强语言表达效果的重要修辞手段之一，每个民族的语言中都有着十分丰富的比喻。但由于各个民族的文化地域、生活方式、语言特点存在差异，因此产生了比喻使用上的差异。下面我们就从以下几个方面分析英汉比喻的异同。

1. 喻义、喻体都相同

在英汉两种语言中，有些比喻是共同存在的，而且有些比喻的喻体和喻义很相似，甚至一模一样。例如，"as black as coal"与像煤一样黑；"as red as blood"与像血一样红；"as light as feather"与轻如鸿毛；"on the ice"与如履薄冰；"pour oil on the fire"与火上加油。

2. 喻体错位

"喻体错位"是指比喻的喻义相同而喻体不同。这种现象在英汉两种语言中普遍存在。产生这一现象的原因是比喻的民族性使得英汉语言在表达相同或相近的意义时使用了不同的喻体。例如，"as weak as water"与弱不禁风；"birds of a feather"与一丘之貉；瓮中之鳖与"a rat in a hole"；作茧自缚与"You have made your bed, and you must lie on it."。

3. 喻体空缺

由于不同民族生存的环境、文化、风俗习惯等存在差异，常常会产生喻体空缺的现象，即在一种语言中用作喻体的事物在另一种语言中不用来打比喻。例如，"the lion's share"与最大的份额；"horse of a different color"与截然不同；马后炮与"be too late"。

（二）英汉排比的比较

排比是指利用两个或两个以上结构相同或相似、意义相关的短语或句子平行并列，用以加强语气的一种修辞方式。英汉两种语言中都有排比这种修辞方式，而且它们之间既有相同之处，也有不同之处。英汉排比的相同之处表现为：有着相同的分类，都有严式排比和宽式排比之分；有着相同的修辞效果，都能有效增加语言的连贯性，突出文章的内容，加强文章的气势和节奏感。英汉排比的不同之处主要体现在结构上，具体表现在省略和替代两个方面。其中，在省略方面，英语排比很少有省略现象，只在少数情况下有词语省略的现象，通常省略的多是动词这种提示语，有时也省略名词。

（三）英汉夸张的比较

夸张是修辞格之一，是指运用丰富的想象，夸大事物的特征，把话说得张皇铺饰，以增强表达效果。可以看出，夸张是一种用夸大的言辞来增加语言的表现力的修辞方式，但这种夸大的言辞并非欺骗，而是为了使某种情感和思想表现得更加突出。英汉夸张在修辞效果上是相同的，即都借助言过其实、夸张变形来表现事物的本质，渲染气氛，启发读者联想。但是，英汉夸张也存在着差异，具体表现在分类和表现手法两个方面。

（四）英汉对偶的比较

对偶是指用字数相同、句法相似的语句表现相关或相反的意思。运用对偶可有力地揭示一个整体的两个侧面，暴露事物间的对立和矛盾。英汉语言中都有对偶这种修辞手法，在修辞效果上，英汉对偶是相同的，但在结构上，二者却存在差异，具体体现在以下几个方面：英语对偶中的两个语言单位可以处在两个并列分句中，也可以处在同一个简单句中，还可以处在主从句中。但汉语的对偶其上句和下句之间一般都是并列关系；汉语中的对偶是成双排列的两个语言单位，是双数的。英语中的对偶既可以是成双的语言单位，也可以以奇数形式出现，如一个或三个语言单位。汉语对偶中没有省略现象，英语对偶则没有严格的要求，既可以重复用词，也可以省略重复词语。

二、修辞翻译方法

（一）比喻翻译方法

比喻是世界各语言中使用最为广泛的一种修辞手法，著名作家秦牧将它称为"语言艺术中的艺术，语言艺术中的花朵"。比喻是不同语言中的共同现象。尽管如此，但由于不同民族的生产环境、生活方式和思维方式的差异，其比喻也是千差万别的。所谓比喻的民族性，就是指比喻具有独特的民族色彩。在一个民族中老幼皆知的比喻在另一个民族中往往鲜为人知，甚至不可理解。比喻有着深深的民族烙印，它是民族历史的积淀，折射着各个民族的生活。以英国为例，英国是个岛国，海洋在英国人的生活中扮演着重要的角色，那里气候凉爽湿润，但却不适宜农耕，人们大多以渔猎为生。因此，以航海和渔猎设喻便成为英语比喻的一个显著特点。与英国不同，农耕是中华民族先民们赖以生存的基础，因此汉语比喻的一个显著特点就是以农耕设喻。另外，英汉的民族历史、文化、宗教信仰的差异，也使得英汉两种语言的比喻有着各自的特点。因为比喻具有鲜明的民族性，因此将比喻从一种语言翻译成为另一种语言时，必然会遇到民族差异的问题，在翻译时要充分考虑这一点。

1. 明喻翻译

明喻也称"直喻"，是就两个不同类型的事物之间的相似点进行比较，是使用明显比喻词的比喻。在这一修辞的运用上，英语和汉语是比较相近的，都有比喻词。英语中常见的比喻词有"as""like""as if""as though"等，汉语中常见的比喻词有"像""好像""仿佛""如"等。

因此，大多数情况下，明喻都可以直译，可以充分地保留原文的生动和活力，但采用直译的前提是符合译入语的语言文化习惯。由于英汉语言和文化上的差异，也有一些明喻不能直译，而必须采用意译的方法。

2. 暗喻翻译

暗喻又称"隐喻"，是指不使用明显比喻词甚至不使用任何比喻标志的比喻。

英语中的暗喻标志有"be""become""turn into"等词语，汉语中则有"是""变成""成了"等词语。通常暗喻的翻译也采用直译的方法。

（二）夸张翻译方法

夸张修辞手法普遍存在于英汉两种语言中，而且两种语言中的夸张在很多地方有着相似之处，因此为了更好地保持原文的艺术特点，可采用直译法进行翻译。另外，有些英汉夸张在表现手法、夸张用语及表达习惯方面有着很大的差异，因此译者不能机械照搬原文，而应采用意译法对原文进行适当地处理，以使译文通顺易懂，符合汉语的表达习惯。

（三）对偶翻译方法

在多数情况下，英语对偶可直译为汉语对偶。采用直译法能有效保留原文的形式美以及思想内容，做到对原文的忠实。根据语义的需要，译者在将英语对偶译成汉语时需要将原文中为避免重复而省略的部分增补出来，从而保证译文的完整性，便于读者发现、感知所述内容的对立面。英语注重形合，汉语注重意合，所以在汉译英语对偶时，其中的一些连接词往往可省略不译，以使译文符合汉语的表达习惯。对偶修辞时常会涉及否定表达，但是英汉语言在表达否定含义时有着明显的不同，因此译者在翻译英汉对偶时需要运用反译法进行适当转换，即将英语的否定形式译成汉语的肯定形式或将英语的肯定形式译成汉语的否定形式，以使译文与汉语的表达习惯相符。

三、修辞翻译教学的策略选择

（一）学习修辞知识

翻译与修辞渊源已久，而对学习翻译的学生来说，首先应考虑修辞技巧在翻译实践中的应用。虽然当代修辞的关注点与传统修辞学相比更加多元化，但其核心内容并没有颠覆性的改变。传统的修辞技巧和手法依旧是学习的重要素材。严复曾提出"信、达、雅"三个翻译的标准，其中"信"和"达"能否达到是由译者的语法能力所决定的，而能否达到"雅"的标准很大程度上是由译者的修辞能力决定的。

首先，教师要提升自己的修辞素养，以身作则为学生树立良好的学习榜样，利用慕课、微课等网络资源学习修辞知识，并将一些比较好的学习资源推荐给学生，引导学生自主学习修辞知识，为后续的翻译教学奠定基础。其次，学校也要加强对修辞方面的知识进行宣传，多举办如演讲比赛、辩论比赛、写作比赛、翻译比赛等活动或成立语言实践相关社团，为学生创造更好的学习修辞知识的条件，提高学生的思辨能力和语言应用能力；并鼓励学生站在更高的语言本质层面看待语言学习，尤其是翻译学习，保障翻译教学活动的灵活性。最后，教师也应将翻译课堂当作双向的交流过程，充分考虑学生的接受能力，在课堂上与学生进行互动，用交流与谈论的方式加深学生对修辞学的认识。

（二）培养修辞意识

从实践层面而言，处于不同社会文化环境，面对各自不同的受众，不同语言有不同的修辞传统，使用不同的修辞策略来实现某个修辞动机或目的。为此，不同语言各自有其认为言之有理、令人信服的论辩话语；各自有其激起读者阅读兴趣使信息对其发挥作用的诉求策略；各自有其为完成某个沟通行为所使用的习惯资源和组织方式；各自有其独特优美、富有说服力的修辞手段。翻译教学过程中有必要重视修辞意识的培养，切实强调受众的重要性，深入研究语言的象征力量，关注如何使译文话语在译语受众心里产生预期影响。

翻译中的修辞意识首先体现在以翻译受众为中心上，而受众意识绝不仅仅是帮助他们解决语言交际层面的困难。作为一种修辞话语，翻译具有强大的修辞力量。精心构筑的译文话语，可能在受众身上产生好的修辞效果，促进预期行为的发生，在社会生活的各方面发挥积极的作用。

修辞翻译教学中有必要培养学生对修辞形式的认识，翻译时应尽量套用或借用译语中的相应表达，使译文读起来地道自然，在组篇方式和句法结构等语言形式上贴近译文受众，做必要的"调适""顺应"，以获得他们的认同。

因此，修辞翻译教学中有必要引入修辞意识，切实建立以现实受众为中心的翻译理念，重视语言的象征力量，加强汉英修辞传统的对比，带着修辞意识进行翻译，使译文真正起到有效影响译语受众的作用。

（三）改革教学方式

翻译教学的存在价值就是让不同种族、不同国家的人民可以更好地用语言进行交流，维护社会的和平与稳定，让人类的文明得以永世长存。教师对教学方式的选择会对整个教学活动产生很大的影响。学生翻译能力的提升并不完全依赖于课堂教学，学生在课下的自主学习同样非常重要，所以教师在课堂上不仅要教

第三章 中外语言文化翻译教学

授给学生知识，更重要的是提高学生参与翻译活动的兴趣，帮助学生养成良好的学习习惯，提高学生对业余时间的利用率，将教学延伸到课下。为此，教师在实际教学过程中可以采用案例教学法、情境教学法等教学方法来增加课堂教学的趣味性，同时强化与学生之间的互动。教师必须使整个修辞翻译教学活动充满趣味性，通过正确的引导和有效的指引帮助学生发现修辞翻译教学的魅力，让学生可以将更多的时间和精力投入学习翻译知识和技能的环节。

教师应该加强信息技术素养，引入先进的教学理念和教学方法，如采用翻转课堂等教学模式；也可以有效利用视听等多媒体手段，激发学生的学习兴趣；而课堂上的工作坊形式的教学，保证了双向交流的可能性，最大限度地发挥了学生的主观能动性。

第四章 中外物质文化翻译教学

物质文化被认为是凝固的历史，不同的时期，出现了不同的物质文化形式。我们主要可以从服饰、饮食以及建筑这三个领域入手，分析不同形式的物质所承载的不同文化内涵。这里就从这三个角度出发来具体分析中西方物质文化的差异，进而探讨相应的翻译问题，为翻译教学提供指导与借鉴。

第一节 服饰文化翻译教学

一、中外服饰文化的比较

服装与人类的关系非常紧密，它既是人类为了生存而创造的必不可少的物质条件，又是人类在社会活动中所依赖的重要精神表现要素。

服装文化是一个民族、一个国家文化素质的物化，内在精神的外现，社会风貌的展示。它作为一种文化现象，在人类历史长河中真实记录了人类文明发展的艰辛历程，鲜明地反映出不同地域、不同民族的个性特征。

（一）穿着观念的比较

服装的首要功能是保暖、遮羞，但作为一种文化现象，服装也是社会心理的立体反映。因此，对比中西服装文化应从双方穿着观念的差异入手。

1. 中国讲究伦理礼仪

对中国古人而言，服饰很大程度上象征着权力和地位。从《易经·系辞》里讲的"黄帝、尧、舜垂衣裳而天下治"开始，至西周"礼制"形成，古人对服饰的色彩、面料、纹饰等做了诸多规定，服饰成为区分社会等级的标志，也体现了当时的社会伦理道德。后来，历朝历代的统治者都非常重视用穿戴装束来统一人的思想、规范各阶层的行为，不厌其烦地反复修订服饰制度，因此服饰成为统治者巩固政权的一种工具。

在古代，服装穿着也是礼仪观念的体现。中国是礼仪之邦，非常重视传统礼教。孔子曾说："君子不可以不学，见人不可以不饰。不饰无貌，无貌不敬，不敬无礼，无礼不立。"因此，必须"正其衣冠，尊其瞻视"。可以说，中国古人在穿衣上十分注重衣服所传递出的礼仪观念。

受这种礼仪观念的影响，中式服装整体须突出端庄、严谨、大方等气质，那些讲究反映人体曲线或是让肌肤裸露过多的服装则被认为是不合适的。可以说，中国的服装文化是一种"包"的文化，宽衣博带、衣领紧扣、裙长曳地是传统中式服装的典型特征，服装似乎像一个口袋，把人体装在里面，以表现出一种庄重、含蓄之美。

2. 西方崇尚人体之美

在古代西方人的眼里，人体是最纯洁、最优美、最雄伟的形象。他们认为男体刚劲雄健，充满勇士的气魄；女体温柔纤细，富有典雅的迷人魅力。因此西方人要求服装能充分反映人体的优美体态，并认为这是人类穿着衣服最直接的缘由和动机。

对西方人而言，服装一方面要做到顺应人体曲线的走向形成不同的外轮廓；另一方面要能起到塑造形体的作用，即利用服装突出人体的不同部位，如胸部、肩部或臀部等。而且，西式服装不忌讳裸露肌肤，服装造型上的显露被认为是造型美最富有魅力的表现形式，因而出现了各种露颈、露肩、露背、抹胸的服装，这些开放、显露的服装造型也充分展现了人体美。无论服装造型如何翻新，西方人始终围绕"凸显人体美"来设计服装。

(二) 服饰颜色的比较

从某种意义上说，一个民族关于颜色的选择与喜好是这个民族潜在性格的体现。中西方在服饰颜色的选择与喜好上存在明显的差异。

1. 中国崇尚黑色、黄色与红色

在上古时期，中国先人崇尚黑色，认为黑色是支配万物的天帝色彩。因此，在夏商周时期，天子会选择黑色的服装作为冕服。

之后，随着封建集权制度的确立，人们将崇尚黑色转向崇尚黄色，认为黄色代表着尊贵。到了汉朝，汉文帝将龙袍制成黄色，之后各个皇帝都采用这一颜色。另外，黄帝是中华文明的开创者，因此"黄"这个颜色非常受重视，并且黄色与中国人的肤色相同，那么将黄色作为龙袍的颜色也是可以理解的了。在中国人眼中，黄色代表着权威、高贵、庄严等。

除了黑色与黄色，中国人对红色也情有独钟，红色象征着喜庆、热情，因此中国人喜欢穿红色的衣服，尤其是结婚时，新郎新娘的衣服也会选择红色，代表吉祥如意、红红火火。

2. 西方崇尚白色与紫色

在古罗马时期，西方人推崇白色与紫色。在西方人眼中，白色象征纯洁、高雅、正直、无邪。尤其是西方人结婚时，婚纱的颜色会选择白色，与白马王子步入婚姻殿堂。

除了白色，紫色也是西方人崇尚的颜色，一般被西方贵族所钟爱。

（三）服饰图案的比较

1. 中式服饰图案

中式服饰图案的特点体现在如下两个方面。

（1）代表一种精神理想

中式服饰的图案多以代表古代文人精神理想的植物为主，如梅花、兰花、松树、菊花等，因此在一些文人士大夫的服饰上很容易找到这些图案。

（2）表达吉祥、美好等意味

寓意图案、谐音图案和吉祥文字图案等是明代之后才出现的装饰图案，后来被广泛认可，一直延续至今。例如，九龙戏珠、龙飞凤舞、龙凤呈祥等图案表达着中国人作为"龙的传人"的自豪；凤穿牡丹、喜鹊登梅、鹤鹿同春等图案则寄托了广大劳动人民对美好生活的希望。

2. 西式服饰图案

西方国家服饰上的图案随着历史的变迁而不断变化。最早出现的是花草图案，而到了文艺复兴时期，花卉图案颇受欢迎。

法国路易十五统治时期，洛可可装饰风格对服饰图案的影响较大，表现 S 形或旋涡形的藤草和轻淡柔和的庭院花草图案十分流行。

到了近代，野兽派的杜飞花样、利用几何错视原理设计的欧普图案、以星系或宇宙为主题的迪斯科花样和用计算机设计的电子图案较为流行。

（四）服饰材料的比较

1. 中式服饰材料

中国服饰的材料十分丰富，包括麻、丝、棉等。其中，丝是较具中国特色的一种材料。几千年前，中国就开始养蚕、缫丝、织丝，应该说中国是世界上当之无愧的丝绸之国。实际上，丝是一个总称，根据织法、纹理的差异，可进一步分为素、缟、绫、纨、绮、锦、纱、绸、罗、缣、绢、缦、缎、练等。可见，中国的制丝工艺已发展到了相当高的水平，是中华人民智慧的结晶。丝绸质地细腻柔软，可用于多种类型的服饰及披风、头巾、水袖等。此外，丝绸有着飘逸的美感，穿在身上能通过肢体动作展现出一幅流动的画面，十分美丽动人。

2. 西式服饰材料

受地理环境的影响，西方国家使用较多的服饰材料是亚麻布。

西方国家的地理环境适合亚麻的生长，很多国家都盛产亚麻。

亚麻布易于提取，既有凹凸美感又结实耐用，非常适合于日常的生活劳作。

西方国家提倡个人奋斗，多劳多得，亚麻布直接体现了这种实用主义价值观。

（五）审美基调的比较

在设计审美观上，中西方也存在明显的差异。中国是逍遥的审美观，其中蕴含"气"的精神，而西方是荒诞的审美观。

1. 中国的"逍遥"审美基调

人们眼中的"逍遥"是一种自由的概念，庄子理念中的"逍遥"影响了中国人的审美观。

在中国古代的服饰中，"逍遥"是"气"的自由表达与精神传达，服饰的逍遥美与中国的"气"是串联在一起的。在中国古代文化中，仁、义、礼、智是人的本性，而人与制度达到完全契合时就会形成一种"随心所欲"之感，即所谓的自由。

儒家思想认为，争是违背礼法的。道家也认为，人的美好是本性的美好，不需要外在来进行掩饰，只要保持内心的气、意、神的结合，就能够实现人与自然的合一。也正是这样的融合，才能达到一种超脱自然的逍遥姿态。因此，这种道遥美就是中国服饰的审美基调，也是以后中国服饰的一种审美取向。

中国服饰有着宽大的袖子与衣襟，并灌注了"气"的精神，因此显得更为逍遥。中国历史上的唐装就体现了这一特点，也是大胆开放逍遥之风的呈现。

2.西方的"荒诞"审美基调

在人们眼中，"荒诞"是一种与传统审美标准不符的形式表现。与中国的和谐相比，"荒诞"的出现是出乎人们意料的。更确切地说，"荒诞"与和谐是相对立的。和谐是美的最佳形态，是人们对服饰的一种永恒的审美追求。那么，西方对服饰的荒诞追求是如何诞生的呢？这主要可以考虑两点：一是随着历史的发展，和谐逐渐过渡到荒诞；二是荒诞满足了西方审美追求向前发展的需要。具体来说，西方在对和谐进行追求的过程中，走入了山重水复的情境，这时需要一种新的表现形式的诞生，而荒诞恰好就是这样一种形式。

西方服饰的荒诞可以说从哥特时期就已经出现了，之后的文艺复兴、洛可可等风格的出现，也是荒诞审美的表现。但是，真正将荒诞视作一种美来呈现，还是在美学上的存在主义出现之后。荒诞是一种为了表现而表现的意识，其中加入了很多形式美的要素，完全置于形式表现的氛围中。

自20世纪60年代以来，男士对服饰风格不再是追求阳刚与英挺，而是追求柔性与颓废。进入20世纪70年代，一种叛逆风格的"朋克风貌""海盗服"等应运而生，这也是对传统服饰风格的一种冲击。事实上，这些造型与款式都是荒诞意识的代表，也不经意地利用了视觉与错觉，进行了各种形式的创造，在荒诞中彰显一种可爱的味道。在20世纪80年代的服饰中，后现代主义风格将冲突、凌乱、反讽等作为主题，出现了文身风潮、颓废造型等。20世纪90年代，受多元化与国际化的影响，服饰的荒诞风格也呈现了多元化。荒诞的风格也越来越成熟，并融入了各种形式的美。

总之，在近现代，西方的荒诞审美的出现是和谐的一种走向，这种风格是这一时代的代表与潮流。现如今，这种形式并未被废弃，而是不断出现各种创新的形式。

二、中外服饰文化的翻译

通过对比中外服饰文化，可知两个民族的服饰文化风格迥异，在翻译时只有采取一定的方法或技巧，才能准确表达服饰的文化内涵。

（一）中国服饰文化的翻译

对于中国服饰文化的翻译可以采用的方法有直译法、意译法等。

1. 直译法

翻译服饰文化词的时候，当中外服饰文化词所蕴含的文化内涵完全对应和相近时，通常采用直译法将其直接翻译出来，举例如下。

原文：原来是一个十七八岁的极标致的小姑娘，梳着溜油光的头，穿着大红袄儿，白绫裙子。（曹雪芹《红楼梦》）

译文：A slip of girl of seventeen or eighteen, pretty as a picture, with hair as glossy as oil, wearing a red tunic and a white silk skirt.（杨宪益、戴乃迭译）

该例中"梳着溜油光的头，穿着大红袄儿，白绫裙子"被翻译为"with hair as glossy as oil, wearing a red tunic and a white silk skirt"，是直译法的典型运用。这样的译文不仅保留了中国传统文化的独有特色，还利于外国读者的理解、欣赏与感悟。

2. 意译法

在翻译服饰文化词时常采用意译的翻译方法，译者能够在忠实原文服饰文化词意义的基础上，通过选用恰当的句式词汇来传递原文的内涵与精髓，进而更好地表达出作者的真实目的，举例如下。

原文：那男孩的母亲已有三十开外，穿件半旧的黑纱旗袍，满面劳碌困倦，加上天生的倒挂眉毛，愈觉愁苦可怜。（钱锺书《围城》）

译文：The toddler's mother, already in her thirties, was wearing an old black chiffon Chinese dress; a face marked by toil and weariness, her slanting downward eyebrows made her look even more miserable.

上例中"旗袍"被翻译为"Chinese dress"，即采用意译的翻译方法。意译的手法便于读者理解，如果进行直译会影响读者理解的程度。

（二）西方服饰文化的翻译

1. 直译

多数情况下，西方服饰的汉译都采用直译法，这主要适用于不具备文化内涵的服饰的翻译，举例如下。

frock coat 双排扣长礼服

uniform 制服

polo shirt 球衣

minishorts 超短裤

jeans 牛仔裤

2. 把握相关习语的内涵

英语中很多习语源自服饰，在翻译这样的习语时，就不能采用直译法进行翻译，而要追本溯源，将习语的内涵挖掘出来。

例如，"a bad hat"这个短语的含义并不是"坏帽子"，而是"坏蛋、流氓"，美国人常用这个习语代表"蹩脚的演员"，指代的是那些无用的人。

3. 把握文化空缺词

因生存背景的差异，中外物质文化存在文化空缺现象。对于这类词的翻译，不能按照字面意思来翻译，而是要将其在原文中的效果传达出来，译出其原作中的文化内涵。例如，对于帽子，西方就有很多表达，举例如下。

bowler 圆顶礼帽

fez 土耳其毡帽

stetson 斯泰森毡帽

skull cap 无檐帽

中国读者对于"礼帽"可能还算熟悉，但是对其他的帽子可能就不太熟悉了。再者，以"have a green bonnet/wear a green bonnet"为例，这一短语直译的意思是"戴绿帽子"，但这样翻译是错误的，其含义为"破产"，这就要求译者在翻译时不能直接按照字面意思翻译，而是应该弄清楚其负载的文化内涵。

4. 明确服饰的特殊指向

不同领域的人们往往会穿戴与其身份或工作相关的衣服，久而久之，人们就会使用一些具有代表性的服装来指代穿这类衣服的人，举例如下。

blue collar 蓝领工人

boiled shirt 拘泥刻板的人

gold collar 金领阶层

bray collar 灰领阶层

silk gown 具有英国皇家律师高贵身份的人

stuffed shirt 爱摆架子的人

white collar 白领阶层

三、服饰文化翻译教学的策略选择

（一）重视翻译课程教学

独特的服饰文化形成了具备民族文化特征的服饰语言体系，并且包含某些特定的、非概念性的民族文化语义，这在一定程度上也表达了民族的语言以及民族独特的人文精神。译者要想对这些词汇的语义进行准确地翻译，不仅要依靠字典进行浅显的释义，还要能够准确地表述出其包含的国家历史文化等多方面的知识，故此，翻译教学过程中，教师要重视让外语教学、科研以及多元文化知识有机地构成一体。

在翻译教学过程中，教师要具备较高的文化素养，善于汲取翻译材料中的语言特色以及文化精髓进行教学，在此基础上渗透优秀的服饰文化。例如，在教学过程中，教师可以在服饰专业背景下导入相关的服饰文化知识，重视将语言与专业方面的知识更好地融入拓展课程的教学过程中，引导学生准确理解及分析服饰文化术语的具体内涵，并通过比较恰当的翻译策略在翻译教学中进行表达，尽可能地避免服饰文化形象的扭曲及变形问题的出现。教师要引导学生经常进行翻译训练，形成良好的学习习惯，不断提升其语言翻译能力。

（二）加强汉英书籍的研究性学习

在具体的服饰文化翻译教学中，教师除了要向学生讲授教材中的基础知识外，还需注重选择高质量的关于服饰文化的文献资料，然后组织学生对这些资料进行研究性学习，引导学生更加充分且正确地掌握服饰文化中的术语，且能够与自身的文化知识相融合，从而对服饰文化加以形神兼备的翻译。

（三）注重师生互动

在不断累积的翻译教学中，教师应潜移默化地提升学生的艺术鉴赏能力和文化修养，以便学生更加深刻地理解传统艺术与文化内涵，形成一种"感性—理性—感性—理性"的升华过程。同时，教师要指导学生进行翻译实践的交流，学生可以在课堂上分组进行服饰文化翻译或服饰术语翻译，课后通过登录网络学习平台进行讨论，共同探讨服饰文化术语翻译的规律和具体的翻译策略与方法。

与此同时，教师还应注重艺术理想和人文精神的素质教育，注重创新能力和实践能力的培养，摸索多种教学模式，达到教与学的互动、共融与共生。这种多样化的教学模式往往会产生许多闪光点和有深度的见解,从而帮助学生开拓思维,提高其人文素质,并在翻译时更好地理解和传达传统文化的意境。例如,在中国服饰文化中,对民族服饰的材质、构造和图案等的诠释,通常会用到汉语词语或短语的典故,这是中国历史发展过程中文化积淀和提炼的产物,往往包含着不同的历史背景或著名的历史事件。所以在翻译实践时,学生必须准确把握中外两种语言在文化背景上的差异,结合哲学思想、思维方式、文化艺术、社会生活方式等诸多因素来考虑,对两种语言的语义、语构和语用等有更为广泛和深刻的了解,这样才能有效表达中华民族特有的文化意涵。

第二节 饮食文化翻译教学

一、中外饮食文化的比较

饮食是人类生存的首要物质基础。在早期的野蛮时代,与其他动物一样,人类的饮与食只是一种本能。开始吃熟食后,人类逐步进入文明时代,饮食则发展成为人类智慧和技艺的结晶,产生了文化属性。由于受地理、气候、风俗等因素的影响,各民族的饮食在原料、口味、烹调方法、饮食习惯等方面存在着不同程度的差异,进而形成了不同的饮食文化。

饮食文化是人类不断开拓食源、开发食品、制造食器、消费食物的过程,以及以饮食为基础的习俗、思想和哲学。虽然饮食文化的内涵十分广泛,涉及的问题也很多,但归纳起来,不外乎是围绕一个"吃"字。简单地说,饮食文化就是人们吃什么、怎么吃、为什么吃的学问。

(一)饮食观念的比较

中国人注重饮食带给人的感官享受,对应的饮食文化是一种感性的饮食文化;而西方人注重饮食的营养价值,对应的饮食文化是一种理性的饮食文化。

1. 饮食目的不同

(1)中国的泛食主义

中国"泛食主义"的文化倾向在日常生活的方方面面都有体现,如见面打招呼时常说"你吃过了吗?"。所谓的"开门七件事:柴、米、油、盐、酱、醋、茶",事事均与饮食相关;各种岁时节日如春节、端午节等基本都有相应的节日食品;一个人在不同的生活和年龄阶段所举行的仪式和礼节(如庆生、婚礼、丧葬等)均有不同的食俗。

在中国,饮食包含着丰富的文化内涵,具有深刻的社会意义。中国人总以请客吃饭作为表达情感和进行社交的最佳方式。孩子出生要吃,满月要吃,周岁要吃,结婚要吃;到了六十大寿更要觥筹交错、庆祝一番;甚至去世也要吃;客人来了要吃,称之为"接风洗尘";客人出门要吃,谓之"践行";乔迁要吃,晋升要吃……真可以说是无事不吃。

中国人通过吃来交流信息,表达感情,协调人际关系,化解利害冲突,甚至还用吃来平复坏心情。可以说,对中国人而言,吃不仅仅停留在原有的交际功能上,还对社会心理起到了一定的调节作用。

(2)西方的食用主义

在西方,饮食的目的可以概括为"食用主义",即以吃为生存的必要手段。林语堂先生曾说:"西方人的饮食观念不同于中国人,他们仅把'吃'当作为一个生物机器注入燃料,保证其正常运行的过程。只要吃了能保持身体健康、结实,足以抵御病菌的攻击即可,其他皆不足道。"由此可见,"吃"在他们看来只起到了维持生命的作用。

就交际手段而言,美国《礼仪事典》一书中讲到宴请的目的时,做了如下总结:向服务者表示感谢;对刚刚达成的一笔交易表示祝贺;为了赢得客户或新客户的信任;请人帮忙;引荐他人;建议或讨论某些想法。从中不难看出,"吃"虽然重要,但仅停留在简单的交流、交际层面,并没有像在中国那样被赋予更多、更重要的意义。

2. 关注重点不同

(1)中国人重视食物的味道

"民以食为天,食以味为先。"中国的饮食文化十分重视食物的味道,可以说追求"美味"始终是中国饮食的最高要义。我们甚至可以从"美"的本义看出中国人对"美味"的重视。许慎《说文解字》中写道:"美,甘也。从羊,从大。""羊大"之所以为美,是因为"又肥又大的羊"好吃之故。古人对美的定义直接表现了中国人对"美味"的重视,也间接说明了中国人对美味的追求由来已久。

为了追求美味,中国人发明了很多复杂的烹调方法,有时候为了达到提升菜肴口味的目的，甚至不惜破坏食物的营养价值。

（2）西方人讲究食物的营养

对西方人而言，营养是最重要的，他们特别重视一天要摄取的热量、维生素、蛋白质和碳水化合物等。早餐往往是一个鸡蛋、一杯牛奶、几片面包再加一根香肠；午餐通常是自助快餐，如三明治、汉堡包、热狗等；最讲究的晚餐也不外乎面包、薯条、香肠、牛排、炸鸡、奶酪等。即使在西方首屈一指的饮食大国——法国，人们对美味的追求也是建立在"营养"这一基础上的。

基于对营养的重视，西方的菜肴通常讲究原汁原味，烹饪方式较为简单，有时为了避免营养成分的流失，甚至都不加烹饪，直接生吃。

（二）饮食对象的比较

1. 中国的饮食对象

中国人的饮食与生存环境也有着密切的关系，生存环境决定了人们获得的食物资源的种类。中国的饮食文化主要以种植业为主，畜牧业占小部分，因此中国人的饮食多为素食，辅以少量肉类。但是，随着中国经济的发展，中国的饮食对象在逐渐扩大，食物的种类也逐渐增多，烹调方式更是五花八门。这些都使得中国人对于吃是乐在其中的，并且不辞辛劳地追求美食的创新，将美食文化发展到极致。

总之，中国的饮食对象是非常广泛的，也是非常感性的，这与哲学上的"和"有着密切的关系，强调人与自然的和谐共处，强调"天人合一"。

2. 西方的饮食对象

以美国为代表的国家主要以畜牧业为主，种植业较少，因此西方的饮食多为肉类或者奶制品，食用少量的谷物。西方的饮食往往是高热量、高脂肪的，但是他们讲究食物的原汁原味，汲取其中的天然营养。

西方人的食材虽然富有营养，但是种类较为单一，制作上也非常简单，他们这样吃的目的不在于享受，而是为了生存与交际。可见，这也是西方理性哲学思维的展现。

（三）饮食餐具的比较

1. 中国的饮食餐具

中国的饮食餐具以筷子为主，有时也会使用汤匙，此外，饮食餐具还包括一些杯、盘、碗、碟。筷子的使用在我国有很久的历史渊源，先秦时期人们吃饭一般不用筷子，多以手抓的形式来拿取食物。后来由于人们开始将食物进行烤制，这样便不宜用手直接抓食，需要借助于树枝等类似工具，久而久之人们便逐渐学会使用竹条来夹取食物，这也是筷子最早的雏形。古代的筷子称作"箸"，根据相关研究表明，到汉代后人们才普遍使用筷子。

法国著名的文学思想家、批评家罗兰·巴尔特认为，筷子在夹取食物时不像刀叉那样切、扎、戳，因而食物不再是人们暴力之下的猎物，而成了被和谐传送的物质。中国人性格温和，主张以"和"为贵，因此在使用筷子时不会出现不雅动作。还有人认为筷子的使用可以锻炼儿童的手脑协调能力，中国人的灵巧与智慧想必也与从小使用筷子有密切的联系。

2. 西方的饮食餐具

西方人多以金属刀叉为餐具，盛放食物的器皿种类繁多，包括各种杯、盘、盅、碟。西方人用餐比较讲究，不同的食物对应着不同的餐具。他们在用餐时一般左手拿刀，右手拿叉，且餐具的摆放也很有讲究，一般按照刀叉的顺序从外向内依次取用。

西方人使用刀叉切食牛肉的行为曾一度被认为是一种文明程度不高的象征，西方人之所以以刀叉为饮食工具有一定的历史渊源。西方民族多为游牧民族，由于常年需要在外放牧，因此人们身上带一把刀是必需的，既可以把刀当作一种工具，又可以在吃饭的时候作为一种餐具。西方人的户外饮食多以烤肉为主，将肉烤熟后用刀割下来直接食用。随着人们渐渐定居下来，刀叉也逐渐走进了人们的厨房，成了一种日常餐饮工具。

现代西方社会的经济发展迅速，人们的生活水平得以提高，刀叉作为餐具的习惯已不再更改，这种习惯的保留与刀叉的实用性有关系。西方的刀叉既可以作为切割肉类的工具，又可以作为餐具使用。

（四）烹调方式的比较

简单地说，烹调是指食物的制作过程，"烹"是指烧煮食物，"调"则指调和滋味。在中国，烹调是一种艺术，烹调过程具有很大的随意性，五味调和是中国烹调艺术的精要之处。而在西方，烹调是一门科学，烹调过程严格按照规范行事，不存在中国所谓的五味调和，甚至可以说是有烹无调或者烹多调少。

1. 烹调准则不同

（1）中国烹调方式随意

在中国的菜谱中，原料的准备量、调料的添加量都是模糊的概念，如"一汤匙""半碗""少许"等，究竟汤匙、碗有多大，少许是多少，并没有具体的标准。同时，在中国的烹调中，不仅各大菜系都有各自的风味特色，即使是同一菜系的同一个菜，其所用配菜与各种调料的匹配，也会依厨师的个人特点而有所不同。同一个厨师做的同一个菜，虽有其一己之成法，但还是会依不同季节、不同场合、用餐人的不同身份等加以调整，如冬季味浓郁，夏季味清淡，婚宴须色彩鲜艳，丧宴忌红色等。此外，厨师还会因自己临场情绪的变化，做出某种即兴的发挥。

中国烹调方式的随意性使得中国的菜谱内容一再扩充，加上原料多样、刀工多样、调料多样及烹调方法多样，一种原料通常可做成几种甚至几十种菜肴。例如，常见的原料"鸡肉"就可以做出几十道甚至上百道的菜，其他原料也是如此，新疆的"全羊席"、广东的"全鱼席"、北京的"全鸭席"就是最好的例证。

（2）西方烹调方式规范

翻开西方的菜谱可以发现，其中的计量都是以精确数字标识的，如调料的添加精确到克、烹调时间精确到秒。为确保烹调过程的精确，就需要使用很多标准设备来对计量、时间等进行控制。

1995年，第一期《海外文摘》刊登的《吃在荷兰》一文，仔细描述了荷兰人的厨房。他们的厨房备有天平、液体量杯、定时器和刻度锅，调料架上整齐排列着大小不同的几十种调味料瓶，就像一个化学实验室。

在这个"实验室"里生产出的产品味道毫无创造性和艺术性可言，牛排只有一种味道，牛排的配菜也只局限于番茄、土豆、生菜几种。而且，一道菜在不同季节、不同地区，都是同一种味道，几乎没有变化。即使是高档的宴席，也不过是餐具更讲究、布置更华贵、服务更周到而已，菜依旧是一个味道。

2. 烹调观念不同

国学大师钱穆先生在《现代中国学术论衡》一书的序言中说："文化异，斯学术亦异。中国重和合，西方重分别。"这一文化特征亦体现于中西饮食文化之中，尤其体现在烹调观念上。

（1）中国烹调重和合

所谓"和"，指和谐、和平、祥和；"合"指结合、融合、合作。"和合"

连起来讲，指在承认不同事物差异的前提下，把不同事物有机地合为一体。中国人一向以"和合"为最美妙的境界，音乐上讲究"和乐""唱和"，医学上主张"身和""气和"，称美好的婚姻为"天作之合"，称美好的事物结合在一起为"珠联璧合"。在饮食文化中，这种"和合"的观念则体现为烹调方式的五味调和。

中国的"五味调和论"是由"本味论""气味阴阳论""时序论"和"适口论"组成的。所谓"本味论"，指的是强调饮食原料的原汁原味，如广州的靓汤最重视入汤原料的原味，一般很少往汤里加调料，以免破坏原料的原味。"气味阴阳论"即指按照阴阳五行说来指导烹调，五行说认为，金、木、水、火、土在饮食口味上的属性分别是咸、苦、酸、辛（辣）、甘，称为五味。"时序论"重在说明烹调时要注意先后顺序，以及按照时令使烹调有所变化，如天气比较热时，选择性凉或性寒的食物制作菜肴，如绿豆、黄瓜、苦瓜、茄子等。"适口论"则是最终要达到的目的，即让食物美味可口。总的来看，"五味调和论"就是说，要在重视烹调原料自然之味的基础上进行"五味调和"，要用阴阳五行的基本规律指导这一调和，使调和既要合乎时序，又要注意时令，调和的最终结果要味美适口。

五味调和的烹调方式可使食物的本味与加热以后的熟味、配料和辅料的味儿，以及调料的调和之味融合在一起，互相补充，互相渗透。可以说，五味调和是一个将个体集中到整体的过程，在这个过程中讲究的是分寸和整体的配合。例如，烹饪过程中比较重视的"火候"，也就是哲学上说的"度"，不同的火候会烹饪出不同的味儿。

（2）西方烹调重分别

"分别"在这里可以简单理解为"各自"，强调每个个体是相互独立的。西餐中除少数汤菜，如俄式红菜汤（即罗宋汤），是以多种荤素原料集于一锅熬成之外，正菜中鱼就是鱼、鸡就是鸡。所谓"土豆烧牛肉"，不过是将烧好的牛肉佐以煮熟的土豆，绝非集土豆牛肉于一锅而烧之。即使是调味料，如番茄酱、芥末糊、柠檬汁、辣酱油等，也是现吃现加。例如，一盘"法式羊排"中，土豆泥、羊排、西红柿等分别放在盘子的一侧，虽然色彩对比鲜明，但各种原料在滋味上互不干扰，各是各的味儿。

西餐的主菜和配菜一般都不放在一个锅里烹制。配菜的作用要么是在营养上搭配主菜，如荤配素、蛋白质配维生素；要么是在颜色上相互配合，如红的番茄配绿的西兰花，可增加美感、促进食欲，还可在口味上有所调剂。这些都体现了西餐重在"配合"而非"调和"。

（五）饮食方式的比较

1. 中国的聚食制

在中国，集体主义是占主导地位的价值观。这种价值观体现在饮食文化上即聚食制。"饮食所以合欢也"，中国人非常享受集体聚餐或宴饮的热闹氛围。

中国古代也曾有过分餐制，但最普遍的还是聚食制。如今，在中国，任何一个宴席，不管目的是什么，形式都只有一种，就是大家团团围坐，共享一席。筵席通常选用圆形的桌子，这就从形式上造成了一种团圆、共享的气氛。往往一道菜刚上桌，众人群箸齐下，通力合作，共同享用盘中食物，场景好不热闹。这种饮食方式符合中华民族"大团圆"的普遍心态，反映了中国古典哲学中"和"的观念。

2. 西方的分餐制

在英、美等西方国家，人们强调个人的价值与尊严、个体的特征与差异，提倡新颖，鼓励独特的风格。这种价值观体现在饮食文化上即分餐制。西方人虽然也会在同一张餐桌上就餐，但每人各用一套餐具，各享一份属于自己的食物。这种饮食方式符合卫生的要求，但似乎过于冷清，没有中国人同桌共食的欢乐气氛。

现在，西方还流行自助餐，这种方式避免了大家将所有的话摆在桌面上，便于人们私下进行情感交流。

二、中外饮食文化的翻译

（一）中国饮食文化的翻译

1. 中国菜肴文化的翻译

中国菜肴的命名方式多姿多彩，有的浪漫，有的写实，有的菜名已成为令人赏心悦目的艺术品。因此，译者在进行菜名的翻译时应具体问题具体分析，灵活运用多种翻译方法，概括来说包括以下几种。

（1）直译

以写实方法来命名的菜肴直接体现了菜肴的主料、配料、调料以及制作方法等信息。在翻译这类菜名时，可直接采取直译的方法。

①烹调法＋主料名，举例如下。

脆皮锅酥肉 deep fried pork

白切鸡 steamed chicken

②烹调法＋主料名＋with+配料，举例如下。

红烧鲤鱼头 stewed carp head with brown sauce

杏仁炒虾仁 fried shrimps with almonds

蚝汁鲍鱼片 fried abalone slices with oyster oil

③烹调法＋主料名＋with/in+配料名，举例如下。

滑蛋牛肉 fried beef with scrambled eggs

冬菇菜心 fried winter mushrooms with green cabbage

咖喱牛肉 fried beef with curry

辣味烩虾 braised prawns with chilli sauce

④烹调法＋加工法＋主料名＋with/in+调料名，举例如下。

红烧狮子头 stewed minced pork balls with brown sauce

肉片烧豆腐 stewed sliced pork with beancurd

雪菜炒冬笋 fried cabbage with fresh bamboo shoots

碧绿鲜虾脯 fried minced shrimps with vegetables

⑤烹调法（＋加工法）＋主料名＋and+调料名，举例如下。

凤肝虾仁 fired shelled shrimps and chicken liver

虾仁扒豆腐 stewed shelled shrimps and bean curd

甲鱼裙边煨肥猪肉 stewed calipash and calipee with fat pork

（2）意译

以写意法来命名的菜肴常常为了迎合食客心理，取的都是既悦耳又吉利的名字，而这些名字则将烹调方式、原料特点、造型外观等进行了归纳，因此食客很难从名字上了解该菜肴的原料与制作方法。译者在翻译这类菜名时，为准确传达其内涵，应采取意译法，举例如下。

全家福 stewed assorted meats

龙凤会 stewed snake & chicken

蚂蚁上树 bean vermicelli with spicy meat sauce

玉版禅师 stewed potatoes with mushrooms

（3）直译＋意译

有些菜肴的命名采取写实与写意相结合的方法，既可以展示主要原料与烹调方法，又具有一定的艺术性。相应地，译者翻译时应综合运用直译法与意译法，以更好地体现菜名的寓意，举例如下。

木须肉 fried pork with scrambled eggs and fungus

炒双冬 stir fried mushrooms and bamboo shoots

三鲜汤 soup with fish, shrimp and pork balls

芙蓉鸡片 fried chicken slices with egg white

牡丹蔬菜 fried mushrooms and bamboo shoots in peony shape

翡翠虾仁 stir-fried shrimps wit peas

三蛇龙虎会 fricassee snake and cat

红烧四喜肉 braised brisket with brown sauce

生蒸鸳鸯鸡 steamed frogs

五柳石斑鱼 steamed tench with assorted garnished

凤爪炖甲鱼 steamed turtle and chicken's feet soup

百花酿北菇 mushrooms stuffed with minced shrimps

红烩虎皮鸽蛋 boiled and fried pigeon eggs, stewed with brown sauce

（4）直译＋解释

中国的许多菜名具有丰富的历史韵味与民俗情趣。具体来说，有的与地名有关，有的与某个历史人物有关，还有的则来自故事、传说或典故。为了将其文化内涵准确传递出来，译者应以直译法为主，必要时还可进行适当解释，举例如下。

叫花鸡 beggar's chicken

东坡肉 Dongpo braised pork

炒罗汉斋 stewed vegetables "Luohan Zhai"

宋嫂鱼羹 Sister Song's fish potage

宫保鸡丁 fried diced chicken in Sichuan style

北京烤鸭 Beijing roast duck

成都子鸡 stir-fried spring chicken in Chengdu style

西湖醋鱼 West Lake vinegar fish

2. 中国酒文化的翻译

中国是世界上最早酿酒和饮酒的国家之一，也是酒文化的发源地。从古文献

《诗经》和《史记》等记载上看,酒在我国至少有五千年的历史。中国酒文化源远流长,通过翻译来了解中国的酒文化,将对了解中国的整个文化有很大帮助。以下我们就来看一下中国酒文化的翻译。

中国的酒有很多是以产地名和原料命名的。酒名作为一种品牌,属于专有名词,因此在翻译时大多可采用音译法,举例如下。

茅台酒(贵州)Maotai(wine)
汾酒(山西)Fenjiu(wine)
董酒(贵州)Dongjiu(wine)
剑南春(四川)Jiannanchun(wine)
西凤酒(陕西)Xifeng(wine)
绍兴酒(浙江)Shaoxing rice wine
宝丰酒(河南)Baofeng(wine)
青岛啤酒(山东)Qingdao beer
泸州老窖(四川)Luzhoulaojiao(wine)
双沟大曲(江苏)Shuanggou(wine)

(二)西方饮食文化的翻译

1.西方菜肴文化的翻译

西方人在烹饪菜肴时注重食物搭配,保证营养,因此与中式菜肴相比,西方菜肴种类更多,菜名也非常直白、简单,往往以国名、地名、原料名等来命名,如丹麦小花卷、牛肉汉堡等。

关于西方菜肴文化的翻译,人们的看法不同,有人认为应该意译,即用中国类似菜品的名字来替代,举例如下。

sandwich 肉夹馍
spaghetti 盖浇面

但是,一些人认为这样的翻译是不妥当的,虽然两种食物在外形上相似,但是味道、材料上明显不同,因此这样的翻译是错误的。为了保证翻译的地道,反映出西方菜肴的韵味,有学者认为应该采用直译与意译相结合的方式来翻译,举例如下。

potato salad 土豆沙拉
apple pie 苹果派

shrimp toast 鲜虾吐司

2. 西方酒文化的翻译

西方的酒文化有着悠久的历史，随着历史的积淀，西方的酒文化逐渐形成自身的特点。对于酒文化的起源，西方有很多说法，但是大多都认为其源于神话故事。英语中，很多词语都与酒神有关，举例如下。

bacchus 酒的通称

bacchant 狂饮酒作乐的人

bacchic 狂欢醉酒的人

bacchae 参加酒神节狂欢的妇女们

对于酒名的翻译，一般采用如下几种翻译技巧。

（1）直译法

有些酒名采用直译法进行翻译，可以实现较好的翻译效果，举例如下。

Bombay Sapphire 孟买蓝宝石

Canadian Club 加拿大俱乐部

（2）音译法

在西方酒名的翻译中，音译法是最常见的方法，且主要适用于原有的商标名没有任何其他含义的情况。

以"Vermouth(味美思)"为例，这一例子中 Vermouth 本义为"苦艾酒"，因为其在制作过程中添加了苦艾叶，且以葡萄酒为酒基，因此微微带有苦涩的味道，但是如果仅仅以其中的一个原料命名实为不妥，听起来给人以忧伤的感觉，与葡萄酒香甜的味道相违背，因此采用音译，改译为"味美思"更为恰当。

（3）意译法

除了直译与音译外，意译也是西方酒文化翻译的常见方法，举例如下。

Pink Lady 粉红佳人

Wild Turkey 野火鸡

三、饮食文化翻译教学的策略选择

（一）设计专项训练

饮食文化翻译教学要求学生必须具备一定的听、说、读、写等语言技能。为此，教师在课前准备中应坚持设计各类专项训练以帮助学生巩固语言基础。例如，为改善学生的语音语调、提高学生的朗读能力，教师可设计利用各类手机APP（如英语流利说、英语趣配音、微信小打卡等）对学生进行音标、单词、句型、短文的朗读专项训练。在训练中，教师除了需要对学生的朗读情况及时进行点评外，也应积极鼓励学生相互点评、取长补短，纠正语音语调中出现的错误；为避免学生书写不规范问题，教师可设计翻译地名、人名、年代、菜系菜肴的专项训练，不断向学生强化符合外语表达习惯的正确书写方法；为解决学生词性词义混淆不清的问题，教师可设计听写、造句、英汉互译、短文写作等专项训练。设计各类专项训练时，教师既要注意强调学生的共性问题，也要特别注意部分学生的个别问题。

设计以上各类专项训练的目的在于，促使学生在"做中练、做中学"的过程中，巩固自身的外语语言基础。例如，教师坚持在一学期中设计听写造句专项训练，每次上课时向学生布置5个单词，要求学生掌握单词的拼写、词义、词性及例句，并在下次课程开始时进行听写检查。经过持续一学期的听写造句练习后，学生的单词词性混淆不清、书写不规范等问题都能得到有效改善，语言基础得到巩固。

（二）优化教学内容

现阶段饮食文化翻译教学的内容过于注重对翻译技巧的解读，而对学生文化解读能力的培养不够重视，对此，在教学内容的编写整合阶段，教师可利用现代信息技术手段，对目的语国家的教学内容进行搜集和整合，不断渗透跨文化交际意识。在搜集过程中，应拓宽搜集范围，使内容类型尽可能宽泛，包含社会文化、饮食文化、民风习俗、经济发展等各个方面。将这些内容引入教材中，让学生在学习过程中做好笔记，引导其深入解读中外饮食文化。除此之外，我们还可以组织一线的教师，对教学内容进行筛选优化，并对原有的翻译教学体系进行革新升级。

（三）革新教学模式

词汇是语言学习的基础。掌握一定数量的专业词汇，对于学生翻译饮食文化知识极为重要。在教学实践中，饮食文化翻译教学涉及众多与食材、菜系、菜名、烹饪方式等相关的专业词汇，这无疑增加了学生的学习难度。

因此，在饮食文化翻译的词汇教学环节中，教师应坚持采取多种新颖的教学模式，提高教学效率。头脑风暴、对分课堂、归纳分类等教学模式的应用都是课堂上拓展学生专业词汇的积极探索。例如，利用头脑风暴模式进行词汇教学时，教师可要求学生列举食材、菜系、烹饪方式等方面的专业词汇；随后将学生分组进行比赛，看哪组同学列出的正确词汇多；最后，教师与学生一起将相关词汇分类、归纳、总结。通过鼓励学生间展开竞赛学习、竞争学习，能够提升学生的学习兴趣和词汇学习效率。

利用对分课堂模式进行词汇教学时，教师在第一课时中安排学生归纳相关的主题词汇，如中国传统食物、西式快餐等，并要求学生做好课后归纳总结作业，在下一课时中带到课堂上与教师及同学共同分享。通过一定时间的积累总结，学生可归纳总结出中外饮食文化词汇表达的一些特点和规律。

教师在课堂实施中采取多种新颖的教学模式，可以让学生逐渐不再畏惧词汇学习，而是充满学习兴趣，并在学习中找到记忆词汇的方法与规律，从而轻松快速地拓展专业词汇量。

第三节　居住文化翻译教学

一、中外居住文化的比较

居住文化被认为是一部凝固的历史，不同的时期，出现了不同的居住文化形式。这里从建筑这一领域入手，分析不同建筑所承载的不同文化内涵。在建筑上，世界各地人们创造出了丰富的空间文化形态，凝结着浓厚的文化气息与审美追求。基于此，我们首先来分析中西方居住文化的差异，从而为翻译教学提供指导与借鉴。

（一）形态形式的比较

1. 中国建筑多以南北为轴线

中国以农业为主要生产形式，随着不断的实践以及对自然规律的研究，形成了"以北为尊"的观念，也就是建筑领域中常说的"坐北朝南"。

在实际的建筑形式上，形成了独有的形态形式，即南北轴线形式。受中国传统的宗法思想以及中国人的内向型性格的影响，在建筑空间上表现为以重重院落相套的构造，构成巨大的平面建筑群，前后左右规矩地展开。这种建筑形式与中国古代社会的结构形态有些相似，可以说是表达尊卑有序的一种手段。

简单来说，与西方的建筑相比，中国的建筑多呈现简单的矩形，不仅整齐划一，还在平面空间上叠加，构成的建筑群落非常有序。

2. 西方建筑多以东西为轴线

在西方建筑中，建筑功能的划分往往在建筑内部实现，并且多呈现垂直空间的延伸。但是，这一理念需要考虑建筑技术与工程量，因此往往受到限制。也就是说，垂直空间的延伸需要巨大的建筑空间，可是在实际生活中，不断增高的建筑可能带来危险，因此需要较高深的科学技术与较大的工程量以及较高的建筑成本。

为解决上述问题，西方人受太阳东升西落的影响，逐渐采用东西轴线替代垂直轴线，这种建筑形式有着自身的特色，不仅开拓了建筑内部空间，将纵向的内部空间加以组合，还创造了相应的空间艺术与空间装饰。这一建筑形式离不开西方成熟的几何理论知识，也使西方建筑进入了一个新时期，创造了很多有名的建筑物。

（二）主要材料的比较

中西传统建筑最直观的差异是建筑材料的不同，不同的建筑材料决定了不同的建筑结构，也反映了不同的建筑文化内涵。

1. 中国以木为主

中国传统社会常以"土木之功"为所有建造工程的概括之名，由此可以看出，土和木是中国建筑自古以来使用的主要材料。中国北方的建筑多以砖瓦（用土烧制而成）或黄土夯筑；南方因气候湿热、植被丰富，多以木材建制房屋。

中国这种以土（或砖瓦）和木为主要建筑材料的建筑称为土木结构建筑。土木结构建筑的优点有很多。例如，施工简易、工期短（土木材料易搬运、易改变）；又如，结构空间较为自由，即人们可以根据自己的要求来分割房屋空间（墙壁一般不承重，而是由木构架承重。所谓"墙倒屋不倒"就生动地说明了木构架的这个特点）；再如，抗震性能优越（土木结构的弹性较大、木头重量较轻，地震时吸收的地震力相对较少），如山西省应县木塔、天津市独乐寺，虽历经多次地震，仍巍然屹立，一直完好保存至今。

但土木结构建筑也有致命的缺点——易毁难存。现存的很多建筑在历史上都曾毁于火灾或其他人为灾难,经后世修复才保留至今,如黄鹤楼已重修过一二十次了。

2. 西方以石为主

西方传统建筑大多采用石头作为主要建筑材料。不管是古希腊罗马时代建造的高大庄严的神殿、露天剧场和斗兽场,还是中世纪宗教时期建造的庄严肃穆的教堂,文艺复兴后气势恢宏的皇家宫殿,各种石头一直是西方建筑使用的主要材料。

这种垒石结构的优点有很多,如易于长久保存;利于建造空间巨大、能容纳不同功能空间的建筑物;利于防潮等。但它也有很多缺点,如施工较难,花费的人力、物力较多;门窗的位置、大小、数量的安排受到极大限制(建筑的荷重基本靠石墙,而在墙上开辟门窗必然减损荷重能力,因而门窗的建造必须依墙壁的状况而定)等。

(三) 布局理念的比较

1. 中国建筑布局理念

中国建筑体现出一种围墙文化的特征,不管是中轴线设计,还是园林的错落有致,都是这种特征的外在体现。

此外,殿堂或者庭院建筑也都有围墙,且宫殿、大堂是整个建筑的核心区域,其他建筑都是围绕这一核心来展开设计的。

2. 西方建筑布局理念

西方建筑呈现几何线条,是敞开的、有秩序的,如广场的设计,这是非常开放的,其与建筑构成了一个有趣的图画,且与城市环境相融合。当然,广场是整个建筑的附属,真正居于主体的是广场中间的其他建筑。

(四) 审美观念的比较

1. 中国的审美观念

在建筑审美观念上,中国人注重追求对称美,通过中轴线的设计来营造一种对称的感受。很多中国古代宫殿都给人一种气势恢宏之感,这在很大程度上得益于有着对称作用的中轴线。同时,在纵向上看,中国很多建筑在中轴线旁边建造一些次要的对称图形来表现主次之分。事实上，中国的这种审美风格是受中国政治文化与君臣文化影响的，暗示着中国对中庸、保守、和谐思想的推崇。

另外，中国比较有特色的园林建筑也彰显了中国人对意境美的追求。例如，苏州园林比较精巧，且景观多呈现变化性，虚实的构思在园林多处设计上有所彰显，形成了一种水乳交融的景象，令很多文人雅士流连忘返。

2. 西方的审美观念

西方人注重理性思维，较为看重事物的实用性，体现在建筑上就是注重打造灵活多样的实体，注重物的形式之美以及外在景象给人带来的愉悦之感。西方古典建筑多呈现几何图形，非常壮观与大气。虽然经过了历史的变革，但是各个历史阶段都有着各自的特点。只要人们稍微有点常识，就能够将哥特式建筑与巴洛克式建筑区分开来。

可见，西方建筑文化是明确的、理性的，他们认为一切事物的根本标准就在于数，且在比例上体现了明确的数理文化。

二、中外居住文化的翻译

（一）中国居住文化的翻译

1. 直译法

对于描述类的中国建筑，译者在翻译时往往采用直译法。直译的目的不仅是要将原文的意义准确传达出来，还要对原文的语言形式如句子结构、修辞手法等加以保留。对中国居住文化进行直译有助于让译入语读者了解中国传统居住文化的魅力。

原文：北京故宫又称"紫禁城"，呈南北纵长的矩形，城墙内外包砖，四面各开一门，四角各有一曲尺平面的角楼，外绕称为"筒子河"的护城河。

译文：Beijing Palace, also known as "the Forbidden City", showed a rectangle with a north-south longitudinal length. City walls covered by bricks, pierced by a gate on the four sides and decorated by a flat turret in the four corners are surrounded by a moat called "Tongzihe River".

上例是对紫禁城的描述，译文直接采用直译技巧，让译入语读者通过语言描绘在头脑中勾勒出紫禁城的形象，进而了解中国的建筑与自己国家建筑的差异之处。这样做不仅保留了原文的文化要素，也达到了与原作类似的语言效果，还使得中国建筑文化成功地"走了出去"。

2.约定俗成法

众所周知，中国是一个世界闻名的古国，拥有很多的古典建筑。很多学者对这些古典建筑进行过研究与翻译，随着时代的进步，这些翻译逐渐固定下来，成为约定俗成的表达，举例如下。

四合院 quadruple courtyards/courtyard houses

园林 gardens and parks

胡同 hutong

碑铭 inscription

3.直译加注法

受历史习惯、社会风俗的影响，不同的文化难免存在差异，这给译者带来了巨大的困难。当然，在中国传统居住文化的翻译中也是如此。中国的很多建筑有着悠久的历史，并且极具特色，很多术语对于外国人来说是闻所未闻的。如果译者在翻译时不进行特殊处理，那么会让译入语读者不知所云，也就很难实现翻译的目的。这就要求译者应该从源语文本进行考量，本着传播中国居住文化的目的，采用音译加注的方式来进行处理。

原文：高大的承天门城楼立在城台上，面阔九间……

译文：The tall and noble Chengtianmen Rostrum stand on the plat form with a nine jian (the distance between two columns; often used in descriptions of ancient architecture)...

上例中，"间"是中国传统建筑术语，即位于同一直线上相邻两根檐柱中心线间的水平距离，但是这个字对于西方建筑并不适用。因此，最好的翻译方法就是直接翻译为"间"，然后在后面添加解释，即间是中国古代建筑的一种丈量单位，这样译入语读者就能够理解了。

（二）西方居住文化的翻译

1.把握专业词汇

西方的居住文化非常广泛，不可避免地会运用到很多专业术语，译者对这些术语进行翻译时要特别注意，保证译文能够将这些术语的特定含义传达出来，举例如下。

steel bar 钢筋

beam column wed 梁柱腹板

reinforced concrete 钢筋混凝土

同时，大量的专业术语的使用还需要保证居住文化的艺术性。

原文：The study had a Spartan look.

译文：这间书房有一种斯巴达式的简朴景象。

该例采用了直译与意译相结合的技巧，避免了翻译太过于机械，成功地将这间书房的建筑美感传达了出来。

2. 注意被动句式

在西方居住文化中，被动句式较为常见，但汉语中则较少，因此译者在翻译时应该对其进行恰当处理。

原文：The old civil engineer is respected by everybody.

译文：这位老土木工程师受大家尊敬。（被动翻译为被动）

原文：Theodolite is widely used in the construction survey.

译文：经纬仪在建筑测量中广泛应用。（被动翻译为主动）

三、居住文化翻译教学的策略选择

（一）重视对居住文化的情感与价值解读

学生对居住文化进行翻译，最为核心的并不是对语言技能的掌握，而是需要学生对于居住文化有一定的理解和体会，这种体会主要体现在对居住文化的情感解读与价值解读上。所以，教师应该善于理解居住文化的内涵与价值，增强学生对于居住文化的情感依归，以情感解读为特色，让学生在翻译居住文化的过程中，善于运用自身的感情，提高译文的居住文化内涵。

在进行情感解读与价值解读的过程中，教师应该以学生为主体，鼓励学生围绕居住文化翻译的主题内容寻找相关文献，让学生可以通过情感角度或价值角度对特定居住文化的文献资料进行翻译。教师对学生的翻译材料进行点评，有助于学生对特定语言问题的改正，并且能让学生提高综合翻译能力，翻译教学的效果相对比较明显。

（二）注重统一性与多样性的兼顾并用

统一性与多样性的结合反映到居住文化翻译教学的实际工作中，就是兼顾大多数学生的全面发展和少数学生的个性发展。在实际的教学工作中，不是所有的学生都能够接受同一种教学方法和理念，这就要求教学工作者既能够掌握大部分学生都能够接受的教学方法，又能够掌握有利于少数学生的个性发展的教学技巧。只有这样，才能够让居住文化翻译教学工作的成果在学生中展现出来，进而体现出居住文化翻译教学的价值所在。

（三）创造特色教学环境，激发学生的学习兴趣

在实际教学中，以居住文化为导向推进翻译教学模式改革创新，应积极运用以翻译为中心的教学模式，创造特色居住文化教学环境，以此来激发学生对居住文化的学习兴趣，提高学生的翻译能力与文化素养。在具体实践中，需要教师尊重每个学生的个体差异情况，实施差异化、分层式的翻译教学模式，引导学生翻译文本中的重点内容，提高学生的翻译能力，保证每位学生的翻译技能都能得到有效发展。

首先，在居住文化翻译教学课堂中，教师应当以翻译为中心，利用先进的信息技术手段，在互联网平台中积极搜索中外居住文化的发展历史、社会背景与翻译方面存在的差距，将其制作为多媒体教学课件。将课件以视频、音频、动画、图片等形式在课堂中进行展示，引导学生真正了解居住文化翻译技巧，使翻译理论与实践达到完美结合。

其次，以居住文化为中心开展翻译教学，教师可详细讲解当地的特色建筑及其所蕴含的文化内涵与价值，这样不仅有利于调动学生的学习兴趣，还可提高学生对居住文化学习的重视与积极性，实现居住文化翻译教学的意义和价值。

最后，教师可积极开展居住文化翻译研讨会教学活动，安排关于居住文化翻译的教学内容，引导学生以小组合作的学习方式，通过组内交流与讨论，得出相应的结果，并将其发布到翻译平台中，由教师与其他小组成员进行客观批阅点评。教师则可将自己的意见、建议等传达给学生，引导学生根据教师提出的意见进一步完善自己的翻译技巧与方法，以此来保证学生居住文化翻译的专业性与有效性。

第五章　翻译人才培养的相关理论

在新时代的历史背景下，翻译人才在对外交流活动中扮演着越来越重要的角色，但翻译人才的需求与短缺之间的矛盾日益突出，国内外对翻译人才培养理论的研究也相对缺乏。

第一节　翻译人才培养的价值取向

《国家中长期教育改革和发展规划纲要（2010—2020年）》指出，要"适应国家经济社会对外开放的要求，培养大批具有国际视野、通晓国际规则、能够参与国际事务和国际竞争的国际化人才"。对翻译人才的培养是响应此国家战略的重要举措。为了提高翻译人才的素质，满足国家、社会、个人对翻译教育的需求，新时代翻译人才培养的价值取向应该是三元价值取向、生态价值取向和战略价值取向。

一、三元价值取向

1998年颁布的《中华人民共和国高等教育法》指出："高等教育的任务是培养具有社会责任感、创新精神和实践能力的高级专门人才，发展科学技术文化，促进社会主义现代化建设。"该法促使我国高等教育的价值取向走向了"三元"格局，即个人本位价值取向、社会本位价值取向和知识本位价值取向三维共存。翻译人才培养作为高等教育的众多组成部分之一，需要契合三元价值取向并以之为指向。三元价值取向是在继承以政治为中心的一元价值取向和以政治为主、经济为辅的二元价值取向的基础上发展起来的，这一取向认为高等教育属于社会领域而不是政治领域，同时还要凸显个人价值和知识价值的重要性。

(一) 个人本位价值取向

个人本位价值取向认为,翻译人才培养的最终目标是培养出真正的、具有鲜明个性的、有能力的、为社会可用的、完整的、自由的翻译人才。个人本位价值取向强调翻译教育不能只是为社会提供翻译人力资源,同时反对为社会发展进步培养翻译人才的工具性价值观。翻译人才培养的价值就在于个性解放,在于重视人的存在。个人本位价值取向强调翻译人才培养的最基本的价值就是促使个体实现专业知识和翻译能力的全面发展,完成个性完善和自我实现。个人本位价值取向由来已久,起源于古希腊学者柏拉图的"学园"以及亚里士多德的"吕克昂"。柏拉图认为,灵魂中最高尚、最可贵的部分就是理性,对理性的培养需要在大学阶段完成,且是大学教育的首要任务,大学教育的终极目标是培养智慧和理性并存的哲学家和思想家。亚里士多德认为,教育就是在培养人的理性的基础上,使人的精神和灵魂得到自由和全面的发展。18世纪以前,个人本位价值取向在高等教育领域具有至高无上的统治地位,大学教育的核心是发展人的理性,而理性和理智是一种独一无二的才能。通过理性和理智这种才能,能够使知识发挥作用并产生效果,最终实现个性的形成和完善。

(二) 社会本位价值取向

社会本位价值取向起源于社会对教育的极度需求,以满足社会需求为本位,以促进社会发展为目标。我国翻译人才的培养,必须满足社会发展对翻译人才的需求,必须服务于国家建设,必须以实现百年奋斗战略目标为指向,实现个体社会化。社会本位价值取向起源于柏拉图,他认为要利用政治统治下的教育来建立"理想国",要通过具备理性的少数高级人才来治理国家。21世纪初"威斯康星思想"的形成使社会本位价值观得以确立。"威斯康星思想"由查尔斯·理查德·范·海斯提出,他在1904年的就职演讲中提出:"州需要大学来服务,大学对州负有特殊责任。"范·海斯强调大学的社会服务功能是要把教学、科研与社会服务紧密结合起来。根据社会本位价值取向,翻译人才培养的出发点和归宿是满足社会的不同需求,翻译人才培养的各个环节和方面都要以社会为导向,并在此基础上制定翻译人才的培养目标和培养方案,确定教学方式,选取合适的教材,提高教师素养,评价教学环节。

（三）知识本位价值取向

知识本位价值取向起源于德国，是由洪堡提出的，他指出，"大学的真正成绩应该在于它使学生有可能，或者说它迫使学生至少在他一生中有一段时间完全献身于不掺杂任何目的的科学"。翻译人才培养过程中的知识本位价值取向，顾名思义，就是传授各类知识，强调翻译人才培养的首要任务是传授知识，不考虑学生其他方面的发展。知识本位价值取向，强调在选择知识的过程中要重视知识学科本身的结构和逻辑，这些带有科学逻辑的学科知识是人类智慧的结晶。翻译人才的培养应该强调对学生进行翻译知识的全面灌输，这既可以促使学生掌握系统的翻译专业知识，还可以使学生获得智力提升和专业发展。在中国翻译人才培养的价值取向上，知识本位倾向长期占据主导地位，成为我国翻译教育的"背景色调"。翻译人才的培养本应是一个非常宽泛的概念，但是知识本位价值取向致使其变得狭隘，以知识为本的理念导致翻译教育只注重局部利益而忽视了整体利益。

"三元价值取向"是翻译人才培养价值取向的科学理性选择。高等教育归根结底是育人实践，目的是实现个人、社会或知识价值。知识价值是翻译人才培养的物质基础和智力支撑，个人价值是翻译人才培养赖以存在的精神力量，而社会价值是通过培养具备所需翻译能力和各类知识的翻译人才来实现的，离开了个人价值和知识价值，社会价值就无法实现。每个人都处于各种复杂的社会关系之中，需要同社会进行交换互动，才能实现知识经验传递。离开了社会，个人价值和知识价值就是一纸空谈。翻译人才培养涉及的翻译理论和实践以及其他专业知识是隐形的社会价值，而采用的教学目标、教学方式、教学方法是实现社会价值的保证。在新时代翻译人才培养中，个人价值、知识价值与社会价值是统一的、有机联系的整体。个人价值和社会价值是知识价值的保障，知识价值是实现个人价值和社会价值的基础，社会价值是个人价值和知识价值的终极目标，个人价值与知识价值的实现是为了更好地实现社会价值。社会本位价值取向应致力于促进社会稳定与发展，并且不抹杀个体价值和知识本位的存在；知识本位价值取向应确保个人和社会发展的方向正确，确保个人发展和社会进步，少走弯路；个人本位价值取向为社会发展进步提供持续动力，是实现知识价值和社会价值的驱动器。

二、生态价值取向

关于教育的生态价值，学术界有两种观点：一种观点认为教育的生态价值是指教育能够促使人们认识和了解自然，认识和了解人与自然之间紧紧相连、密不可分的关系，认识和了解自然是人类生存与发展的母体、人类的发展离不开自然环境的优化，从而树立起环保意识，自觉保护和促进自然环境的发展。另一种观点认为虽然教育能够起到保护自然环境、促进自然环境发展的作用，但这只是教育的生态价值的具体体现，它更丰富的内涵在于教育能够促进人自由、全面、健康、和谐地发展；认为人本身就是一个完整的生态系统，人自身的自由、全面、健康、和谐的发展具有重大的生态意义。这种观点侧重教育对于个人全面发展的意义。

翻译人才培养的生态价值取向是指教育主体重视翻译人才培养中的语言生态价值，并将其作为选择人才培养的主导价值的倾向。生态学由来已久，已经从单纯的生物研究转向各种人文社会学科。语言生态价值观是1971年美国语言学家埃·豪根在其著作《语言生态学》中提出来的。豪根认为与自然生态系统中各种生物之间相互依存的关系一样，语言和环境之间也存在相互作用的关系。在语言生态系统中，各种语言之间相互影响、相互制约、相互依存，各种语言基本上能够实现自我调节，并最大限度地保持自身稳定，实现语言的多样性，促使整个语言生态系统保持稳定状态。影响语言生态系统的因素很多，包括语言构成要素、政治和经济环境、自然和社会环境、文化和传统环境等，其中，文化环境对语言生态系统具有较大的影响力。世界上的文化是多元的，语言也是多元的。语言多样性是维持语言生态系统稳定的基石，也是世界进步、社会发展和文化传承的保障。因此，在翻译人才的培养过程中，我们要秉持生态价值取向，平衡母语教育与外语教育的关系，注重非通用语种的学习，特别要重视对濒危语种的保护与传承，同时提升翻译学习者对母语的认同，使其主动学习和传播母语，保护本国少数民族语言，通过语言交流促进文化传承，增强自身民族自豪感、自信心和凝聚力。

经济全球化导致翻译人才培养不可避免地会碰触敏感的文化问题。随着翻译人才培养的普及和扩大，在一定程度上可能导致本土文化失语。因此，在翻译人才的培养过程中，我们要注重保持本土文化和异域文化的生态和谐，注重对学生跨文化素养的培养，使我们的翻译人才在充分理解华夏文化的基础上吸收和借鉴外国文化；要避免以美英为代表的语言帝国主义思想的渗透，保持清醒的头脑，树立"和而不同"的文化心态，构建和谐的翻译人才培养的生态价值观。对翻译人才的培养是语言生态系统的重要构成因素，经济全球化同样造成了翻译教育的单一化，英语作为信息交流沟通的世界语言，加速了许多弱势语言的消亡进程，造成语言生态危机。学校的翻译人才培养也是导致语言生态危机的重要因素之一，国际化教育往往变成了西方化教育，仅仅强化西方的文化、语言、价值观和方法论。因此，翻译人才的培养必须注重语言生态平衡，关注语言生态健康发展，维护语言生态的多样化。

三、战略价值取向

"战略"一词最早是有关军事的概念。战略是一种从全局考量、谋求实现全局目标的规划，是体现智谋的纲领。翻译人才的培养不仅关乎国家利益的维护，而且涉及民族文化的传递和繁衍，甚至影响国家安全。鉴于此，世界上很多国家都提出了本国外语战略，例如，2002年英国提出"国家语言战略"，发展外语教育，提升国民外语素质，建立了英语推广机构"英国文化委员会"。2006年美国提出"国家安全语言计划"，在国家安全的基础上提高国民的外语水平和能力，同时实施"关键语言"计划，实现翻译语种齐全的目标。我国的翻译教育，特别是翻译人才的培养，要服从并服务于国家战略，从国家语言战略的角度来谋划。在建设中国特色社会主义的新时代，我们要加快语言战略规划，特别是外语战略研究，为我国实施"一带一路"倡议、"走出去"战略提供服务；要通过翻译人才培养，不断打破走向世界进程中的外语屏障，为加强中国文化软实力提供外语支撑，同时为中国实现由"本土型国家"向"国际化国家"的转变提供外语动力。翻译人才培养的战略规划要坚持以人为本的原则，维护国家语言权利，保证个人语言权利；要保护传承国家文化主权，维护国家安全；要统筹协调各语种的比例，平衡各类语种在国家外语体系中的地位和作用，构建和谐的翻译生态。战略价值取向的翻译人才培养是符合当前我国国家战略的人才培养策略，契合提升中国文化软实力和向世界传递中国声音的国家战略目标。

国家外语能力是指"一个国家运用外语应对各种外语事件的能力"。国家外语能力是影响国家综合实力的重要因素，要从国家战略高度予以重视和提高。国际化翻译人才的培养作为国家语言能力建设的重要载体，必须具有战略价值取向：一要坚持"走出去"战略，即在全面掌握语言知识和科学地吸收外国文化知识的基础上，更加注重传递中国声音，讲好中国故事，提升中国的国际话语权，建立畅通的对外话语体系；二要坚持"外向型"战略，即改变翻译学习以求职和考试为主要目的的"内需型"学习动机，增加因"外向型"需求（如自贸区建设、企业海外投资、文化海外传播、中国制造出国等）而主动学习外语的比例；三要坚持多元化战略，即改变英语"一家独大"的语种结构失衡的状况，重视非通用语种的规划和人才培养，实现语言资源"百花齐放，百家争鸣"；四是坚持"专业性"战略，即改变以往的仅强调语言知识和技能的工具型价值取向，注重培养高层次的翻译专业人才，也就是国际化的翻译人才。

语言强则国家强，翻译兴则国家兴。翻译人才培养是高等教育的重要组成部分，是社会需求的产物。翻译人才培养的价值在于满足国家、社会和个体三个层次对翻译人才的需求。社会需求、个体需求、生态需求、国家战略需求四方面价值取向的统一是翻译人才培养价值实现的保障。

第二节　翻译人才培养的目标

在阐述人才培养目标之前，让我们先看一下有关课程教学目标的定义。《朗文语言教学及应用语言学辞典》将其分为两类：一类为总目标，即教学的基本原因或目标；另一类为具体目标，指一门课要达到的目的，详细描述学生在教学最后一阶段必须要做的事。

其实，这也是教学目标在较宽泛与较狭窄两个层面的界定，较宽泛层面上指课程设计者预计学生能达到的一般性教学目标或目的；较狭窄层面上指学习者通过课程学习在知识、能力等方面所能达到的具体专门目标（所掌握的知识领域、在听说读写译等方面能获得的具体技能等）。

有学者尝试借助这一定义的分类，提出翻译人才培养宏观的总目标（本科生、硕士、博士生学历学位教育目标）——阐明人才培养的基本原因或目的；并提出具体的阶段性培养目标（学年、学期及课程目标）——阐明学生通过阶段性学习所能达到的水平。其中，阶段性培养目标涉及的课程教学目标又可以分为总目标和具体目标两类。

在解析我国翻译专业建设现状时，可以发现翻译作为一门新兴学科，在各院

第五章 翻译人才培养的相关理论

校中的相关人才培养目标不一致,有的强调复合型人才,有的强调翻译通才,有的强调译员教育,不一而足。限于篇幅,本书不可能将各阶段、各课程目标逐一阐释,现仅在翻译人才分类的基础上,从宏观角度分析翻译人才培养总目标,并剖析两者之间的传承关系。

首先讨论翻译人才的分类问题。戴炜栋等指出高素质的外语人才可以粗略地分为学术研究型和应用职业型。这两种人才都具备专业及相邻专业知识,具有学习-实践-创新的能力以及高尚的人品、道德等,只不过在知识领域宽窄、能力侧重、创新研究能力强弱等方面存在一定差异。大多数学者认同这一观点,但认为翻译人才虽然可以分为学术研究型和应用职业型,但如果结合具体翻译教学实际,将之分为翻译通才和专门性人才,则更为妥帖和确切。这主要是由于该分类一方面体现了翻译的学科融合性(翻译为杂学,译者为杂家);另一方面表现出翻译理论和实践的均衡发展。当然,通才、专门性人才、学术研究型和应用职业型人才之间有一定的相关性。

具体说来,翻译通才充分体现出学习者的学术研究能力和职业技能的平衡发展,该类人才既掌握一定的理论,又有较强的翻译实践能力;而如果学习者偏重于理论学术探索(如翻译理论家、翻译批评家),则更倾向于学术研究型人才;如果侧重于翻译实际操练(如口译译员、科技文献译者、文学作品译者等),则更倾向于应用职业型人才。

无论是典型的学术研究型还是典型的应用职业型翻译人才均属于专门性翻译人才。而且,无论是高层次翻译通才还是专门性人才都应具有扎实的语言基础(双语能力过硬)、翻译知识、语言运用技能和翻译技能以及相关学术道德、职业道德等,当然,知识的广博程度、能力的大小、技能的娴熟程度等方面存在一定差异。

有学者提出翻译专业主要培养一般性翻译通才(即通用翻译人才),这也符合大多数人的看法。那么,一般性翻译通才是如何界定的呢?复旦大学"英汉双语翻译专业"的培养目标中谈到学生应具有较强的英汉双语技能和扎实的政治、经济、文化、科技、金融基础知识,能胜任外交、外贸、独资合资企业、中国驻外机构、新闻媒体等部门口笔译工作。有学者认为这一培养目标涉及知识面、双语技能、职业技能等方面,可以比较生动地体现通才教育的目的。将这一目标与翻译专业资格(水平)考试的等级划分相对比,可以发现该目标超出了翻译专业资格(水平)考试中的初级(三级)要求,与中级(二级)要求相近。因为在翻译专业资格（水平）考试中，二级口笔译翻译应具有一定的科学文化知识和良好的双语互译能力，能胜任一定范围、一定难度的翻译工作；三级口笔译翻译应具有基本的科学文化知识和一般的双语互译能力，能完成一般的翻译工作。三级口笔译水平相当于对外语专业优秀毕业生或外语专业翻译方向的学生的要求。

从《翻译专业职务试行条例》中可以看到，通过三级口笔译考试的人可以应聘助理翻译（能完成一般性口译或笔译工作：从事口译者应能够基本表达双方原意，语音、语调基本正确；从事笔译者应能够表达一般难度的原文内容，语法基本正确、文字比较通顺），而通过二级口笔译考试的人可以应聘翻译（独立承担本专业的口译或笔译工作，语言流畅、译文准确）。也就是说，翻译专业的培养目标在于培养能够获得翻译专业中级资格证书、独立承担口笔译工作的高层次人才。

结合相关论述，为适应培养高素质复合型创新翻译人才的需求，我们可以尝试从知识、能力、品德、职业技能等方面来阐述翻译专业的培养目标，提出翻译专业旨在培养一般性应用复合型的翻译通才。他们要具备比较扎实的语言、文化、政治、经济、金融、外贸、科技、艺术等基础知识，较强的外汉转换能力和语言学习应用能力，良好的思想道德素质、心理素质、适应能力、合作精神，且能够胜任外交外贸、涉外企业、文化艺术、科技翻译、新闻出版、教学研究等语言文字交流工作。

之所以强调应用复合型，主要是因为翻译专业着重对应用能力的培养，且涉及的知识面比较广博，技能具有复合性；之所以强调通才，主要是因为翻译专业的学生应该能够胜任一般性的语言文字翻译工作。

一般说来，各高校所培养的人才能够通过国家人事部翻译专业中级资格（水平）考试。鉴于翻译为新兴专业，具体教学尚处于摸索阶段，不可能要求所有毕业生都通过中级（二级）口笔译考试，但至少应通过初级（三级）口笔译考试，这样才更能胜任一般性口笔译任务；而优秀毕业生在实战训练的基础上，要能够通过中级（二级）口笔译考试，获得翻译专业中级资格证书，独立承担口笔译工作。

当然，各学校、各地区存在一定差异，因此翻译人才培养目标不可能完全一致，可以结合实际情况，突出地方、学校优势或特色。

第三节 翻译人才培养的模式

一、人才培养模式的构成

目前的研究中,在"人才培养模式"这一概念的内涵理解上存在着较大的差异,学者们关于人才培养模式的理解也是见仁见智、众说纷纭。总的来说,人才培养模式主要探讨的是人才培养中诸因素的最佳结合与构成。人才培养模式是指在一定的教育理念的指导下,教育工作者或教育机构普遍认可的、为实现培养目标而采取的培养过程的某种标准构造样式和运行方式。具体而言,人才培养模式是以教育目的为导向、以教育内容为依托、以教育方法为具体实现形式,直接作用于受教育者身心的标准构造样式和运行方式。

尽管目前人才培养模式的概念表述存在多种,但基本含有以下几个共同的特征:第一,是贯穿整个培养过程中的宗旨,它是培养的关键所在。第二,由一系列的基本要素组成,这些要素之间相互制约、相互促进、共同发展。第三,有一定的规律和共同的思想理念方法。第四,经过实践的检验并且能指导实践。

(一) 培养目标

培养目标在翻译人才培养模式中起着导向作用,其余要素均受其制约。它规定了对受教育者培养的方向及在一定的修业年限结束后应达到的要求,是教育目的、教育理念的具体化,是教育教学活动的出发点和归宿。

在制定人才培养目标时,制定主体应考虑以下四个层面的内容:首先,培养目标应符合时代背景与社会发展需求;其次,应符合我国教育方针对各类教育人才培养的总体要求;第三,还应符合教育法规对教育的一般要求,即学生应当掌握基本理论和实践技能;第四,与学校的自身特点、办学定位相一致。故高校在制定本科人才培养目标时,应根据社会需求培养通才抑或专才,学术型人才抑或应用型人才,明确本科教育与其他类别教育的差异,结合自身的特色或优势,使学生在规定的修业年限结束后掌握必备的知识和技能。高校培养目标最终又是以专业培养目标体现出来的。专业培养目标一般包括培养方向、使用规格、规范与要求等要素。

有的学者在论述翻译人才培养模式的构成要素时,提到了培养规格这一概念。这里简单概括一下培养目标和培养规格的联系。培养规格是培养目标在学科或专业培养质量标准的具体化，它规定着学生应当掌握的专业或学科的理论知识、能力水平、实践技能和素质要求。与培养目标相比，培养规格具有可操作性，灵活性更大。培养规格通过教育教学内容和课程体系表现出来。培养规格中规定的知识结构、能力结构和素质结构决定了教育教学内容和课程体系具有综合化、结构化、灵活性的特征。总之，培养目标与培养规格是一般与具体的关系，培养规格更加灵活，能及时跟随社会行业的发展及其对人才的要求做出调整，从而影响培养过程，以更好地实现培养目标。

（二）课程设置

所谓课程，是指教学内容按一定的程序组织起来的系统，是教学内容及其进程的总和。课程设置历来被视为人才培养的核心内容，决定着接受教育者的知识、能力和素质。课程结构往往由若干个模块组成。我国高校翻译课程一般分为公共课程、基础课程、专业基础课程和专业课程四大模块，每一模块都包含一系列学科。目前，大学课程结构与学科设置均比较重视基础课或普通教育课，越来越重视多学科相互渗透和跨学科课程的设置。

衡量课程设置是否科学化、合理化，主要有以下几个参考指标。

1. 课程设置数量

课程设置数量充足是课程体系丰满、丰富的基础。课程总量过小的高校将无法提供足够数量的普通教育课程和选修课程，从而限制宽口径专业目标的实现和复合型人才的培养。只有课程数量充足、课程资源丰富的设置体系才可以有效满足各种教学计划要求，并通过一定的教学运行机制释放出更大的教育能量。

2. 课程体系综合化程度

课程体系综合化程度反映了一所大学中学习领域的广度及综合程度，具体来说，一是看课程的学科种类是否广泛，二是看课程的科际融合是否密切。课程的综合化程度对人才知识能力结构具有明显影响，综合化程度高有利于人才跨学科跨专业选课，可以帮助他们开阔知识视野、激发探索性的思考、打下雄厚的学术基础、塑造完整的人格。

3. 课程结构的平衡程度

课程结构的平衡指各种类型的课程在数量、学时与质量等方面协调匀称，有利于培养学生合理的知识和能力。在课程结构中，最重要的是明确本专业的核心课程或主干课程。同时，要根据社会发展要求和学校、专业自身的特点来确定主干课程与一般课程、基础课程与专业课程、必修课程与选修课程、理论课程与实践课程的比例关系，使之达到最佳化。

4.课程设置机动性

课程设置机动性是指课程体系满足人才多样性、层次性以及柔性化教学要求的能力。提高课程体系的机动性，一般有实行课程模块化、系列化，增加选修的经纬性等途径。课程模块化、系列化是指课程在编制时按照学科类型、课程类型、功能类型、需求类型等要求进行模块编制，形成系列化体系，以不同的模块组合方式去满足各种教学计划的需求。增加选修的经纬性指不但开设横向的选修科目供学生选修，而且允许学生选学纵向的课程，即低年级学生可以选修其感兴趣而又可以接受的高年级专业课，高年级学生亦可根据其需要选学与专业有关的、为低年级开设的某些基础课程。

很多人在表述课程设置模式时容易与专业设置模式混淆。专业设置模式指的是设置口径、设置方向、设置时间、设置空间等方面的问题。设置口径有宽窄之分，从世界范围看，最宽可宽至学科群，最窄可窄至三级学科。当代高等教育正在提倡向宽口径方向发展，即所谓的"淡化专业界限"。设置方向是指在专业口径内划分的专业主攻方向，一般攻读研究生学位需选择专业方向。专业设置时间有松紧之分，学生可以在入学时就选定专业，也可以先接受通识教育，到一定阶段之后再分流培养。设置空间有大小之别，空间小的以专业为界，没有丝毫弹性，空间大的则可以允许转专业、转院系或跨专业、跨院系，甚至还可以与研究生教育打通，这种做法很适合复合型人才和贯通型人才的培养，不过目前仍处于理论阶段，没有高校去尝试。

（三）教学模式

国内外教育学者对教学模式的探讨从未停止过，但至今还没有统一的标准定义。

美国教育家布鲁斯·乔伊斯和玛莎·韦尔于1972年把教学模式作为一个正式的科学概念提出来。因此，他们的研究被认为是国外最有影响力的研究。他们提出，教学模式是构成课程、选择教材、指导在教室和其他环境中进行的教学活动的一种计划或范型。他们在之后的研究中又指出教学模式就是学习模式，教学过程的核心就是创设一种环境，在这个环境里学生能够相互影响，学会如何学习。一种教学模式就是一种学习环境，这种环境有多种用途，从如何安排学科、课程、单元、课题到设计教学资料，如教材、练习册、多媒体程序、计算机辅助学习程序等。这些模式能够为学生提供学习的工具。在这里布鲁斯·乔伊斯把教学模式当成一种计划，但这种计划太具操作性，失去了其理论的色彩。

国内对教学模式的定义主要体现在三个方面：第一种把教学模式归结为方法范畴，我们称为"方法说"。第二种观点认为，模式与方法有联系也有区别，会在具体的时间、地点和条件下表现出不同的结构，我们称为"结构说"。第三种对教学模式的定义为，教学模式是人们在一定的教学思想的指导下，对教学客观结构做出的主观选择，我们归结为"程序说"。

以上对教学模式的定义都只是从某个具体角度切入，从而缺乏完整性，并未完全触及教学模式的本质。在这里把它定义为：在一定的教学思想和教育理论的指导下，为实现特定的教学目标，设计组织教学，并以简化的形势稳定地表现出在实践教学中建立起来的各种教学活动的基本结构。由此可见，教学模式是教学理论的具体化，同时又是教育经验的系统概括。它在教育理论与教育实践中间架起了一座桥梁。

教学模式是培养模式的执行要素，在培养模式中占有十分重要的地位，培养目标能否实现，很大程度上取决于其运作质量。教学模式从狭义的角度来说，主要包括教学运行机制、教学组织形式、教学方法和教学手段等一系列因素。

1. 教学运行机制

教学运行机制分为基本教学制度和组合教学制度两种。基本教学制度主要指学年制和学分制。学年制以必修制为主要形式，课程有严密的层次划分及先后顺序，教学计划统一，但结构刚性，培养规格单一，不利于学生的个性发展与潜能开发。学分制以选修制的存在为前提，以达到一定的学分数量为毕业的标准，较弹性化、柔性化，较好地适应了学生的个体差异，使他们通过自主的选课机制形成富有个性的专业知识结构和多学科渗透结合的文化素质。

目前，我国大部分学校对学年制和学分制进行取舍糅合，以适应不同的培养要求。组合教学制度在目前主要有双学位制、主辅修制、本加专制、本硕连读制、硕博连读制等，客观上为不同状态、不同目标的学生提供了多条学习途径。组合教学制度极大地拓展了人才培养模式的丰富性与多样性，能够很好地适应个人与社会的不同需求，有利于培养宽口径、复合型人才。

第五章 翻译人才培养的相关理论

2. 教学组织形式

教学组织形式一般指教学空间组织形式和教学时间结构。从空间形式看，主要有班级教学和个别教学两种基本形式，其他诸如多级制、不分级制、开放制等教学组织形式，都是从这两种基本模式派生出来的。教学时间结构包括课时、学季、学期等多种层次，体现为课堂时间结构、学期时间结构等多种结构。追求教学效率是设计教学时间结构的重要目标，一个合理的教学时间结构在好的教学方法的配合下，能产生较好的效果。

3. 教学方法和教学手段

人才培养活动的一个重要环节就是教学活动，而教学活动的进行依靠一定的教学方法。教学方法是教学活动过程中教师与学生为实现教学目的和教学任务要求，在教学过程中所采取的行为方式的总称。教学方法体现了特定的教育和教学的价值观念，它还受到特定的教学内容、具体的教学组织形式的影响和制约。在教学活动中，比较常用的教学方法有以语言传递信息为主的讲授法、讨论法等，以实际训练为主的练习法、实验法、实习法等，以引导探究为主的发现法、探究法等。各个教学方法各有利弊，教师应根据不同的教学内容、教学目标来选择不同的教学方法。

与教学方法相近的还有教学手段，很多人在表述人才培养模式的构成要素时，将教学手段与教学方法混为一体，其实二者大不相同。教学方法是指方式、原则，教学手段是指为了顺利进行教学活动而借助的辅助工具。传统的教学手段就是黑板、粉笔、教材等工具，随着科技的发展与进步，各种电化教育设备开始走进课堂，多媒体被广泛应用，教学手段正朝着信息化的方向发展。

（四）评价机制

评价机制指依据一定的原则建立的与专业培养目标、培养方案、培养过程相适应的评价方法与标准，以保障专业培养目标的落实、完成。评价的实质是对教育教学活动的价值进行判断，以此来提高教育教学的质量和效益。培养评价是人才培养活动中的最终环节，也是衡量和评判人才培养活动成败优劣的环节，同时还是影响下一次人才培养活动的重要环节。在人才培养模式中，一方面评价机制可以衡量和判断人才培养活动是否成功，是否达到了预期的人才培养目标，另一方面通过人才评价机制我们可以有效地监控人才培养活动过程，及时发现并纠正偏差行为，进而保证人才培养活动能够按照预定的人才培养方案进行。

评价机制有内外两种评价尺度，一种是学校内部的评价尺度，另一种是学校外部的评价尺度，即社会的评价尺度。社会对高等学校人才培养质量的评价主要是以高等学校毕业生的质量为评价依据。社会对毕业生质量的整体评价主要是看毕业生群体能否很好地适应国家、社会、市场的需求。学校内部的评价尺度主要是以高等教育的内部质量特征为评价依据，即评价学校培养出来的学生，在整体上是否达到学校规定的专业培养目标的要求。

一般来说，评价所需要的信息和资料是通过考核的方式获得的。考核的方式多种多样，但一般主要采用理论知识考查来进行考核。现在越来越多的学者、专家主张复试考核，即在考核时，根据考核内容和目的把几种方式结合起来。在学生学完某门课程后，除了进行理论知识的考查，还增加平时考查和实践技能考查。复试考核方法改变了以往单一的、孤立的考核方法，其考查的项目多，涉及的知识、技能面广，有利于全面、真实地了解学生的专业素质情况，同时加强了对实践教学内容的考查，检验了学生实际操作技能和及时解决问题的能力。各种教育评价活动的目的是判断"三个方面的符合程度"，即学校的办学定位是否符合社会需求，学校的专业培养方案是否符合学校的办学定位，学校培养学生的教学效果是否符合培养目标的设定。

二、翻译人才培养模式的创新

（一）学制方面的创新

目前，国外有的高校除设有翻译本科、研究生教育之外，还设有翻译专科，构成了从专科到博士阶段比较完整的教育体系。但有学者认为，鉴于翻译过程以及翻译教育本身的广泛性和复杂性，2～3年之内很难保证翻译人才培养的质量，实行四年本科教育能够较好地夯实人才的理论基础，使翻译理论与实践密切结合。因此，除非是出于地域性培训的特殊需求，翻译人才培养还是应以本科为起点，逐步完善从本科到博士的系列教育，包括授予翻译专业硕士学位，开办同等学力翻译硕士班、翻译硕士研修班、翻译博士研修班等。当然，在翻译人才培养过程中，高校可以根据市场需求适当改变招生方向和增减招生人数。

（二）培养机构的创新

一般而言，翻译人才培养任务多由各高等院校的高级翻译学院或翻译系承担,为学院式人才培养模式。这主要是由于高校具有丰富的办学经验、高素质的师资和良好的办学环境。但鉴于翻译自身实践应用性较强,与市场结合比较密切,因此可以借鉴理工科的办学经验,加强高校与翻译、出版、外贸、外事、旅游等单位的合作,一方面吸纳一些资深译员、翻译家、翻译评论家等兼职担当翻译教师,充实师资队伍;另一方面可以为学生提供实战场地,培养其翻译实践能力和知识应用能力,为其专业发展打下更加深厚的基础,同时充分考虑到学生今后的就业、职业生涯取向,为他们提供更多的职业选择。

(三) 培养方式的创新

杨自俭指出,翻译人才培养模式一定要是开放型的。第一,特别重要的是要突出基础宽厚与知识面广(包括基础理论),因为翻译是杂学。第二,要突出的是语言实践能力,在听说读写都训练好的基础上,要突出训练说与写,特别是写的能力,这是口笔译都极其需要的,当然包括中外两种语文写作的训练。过去我们存在轻视母语写作的问题,现在应正视这个问题。第三,要突出的就是翻译基本功的训练。这方面有三个问题应引起大家关注:一是要以"文贵得体"为训练翻译能力的指导思想与追求目标;二是要严格按不同文体的要求进行不同的训练;三是口笔译都要进行全译、摘译、编译等各种变体形态的翻译训练。

有学者认为,一方面要强调在高校学习阶段进行复合型翻译通才教育,借助通识教育、专才教育等人才培养理念,培养完整的人,即学有专长、术有专攻,在知识(语言、翻译等知识),能力(翻译能力、创新能力、适应能力),品格,素质(伦理道德价值观、职业道德、学术品德)等各方面协调发展的人才。这里的"通",有融会贯通之意,也就是说所培养的人才能够将不同学科的知识相互融合,在交流合作中进行跨文化沟通。另一方面应该注意人才培养的阶段性,在本科四年中,一、二年级为基础阶段,三、四年级为高级阶段(提高和分流阶段)。高校可以在基础阶段开设相关课程,用以夯实学生的语言(双语)、文化(母语与目的语文化)、翻译基本功,培养其基本的双语翻译能力;在高年级阶段根据其学习旨趣,在自愿报名和选拔的基础上适当进行方向性分流(外贸、经济、政治、语言、文学、教育、新闻、科技等),通过增设选修课、增加实习锻炼机会等激发学生的兴趣,提高其反思能力。

当然,各课程的设置比例、理论学习与实践的匹配、语言能力与翻译能力培养的侧重都会因院校、专业特色、个体差异等有所不同。同时,有学者认为,随着翻译专业建设的发展,也可以适当借鉴目前复合型人才的培养经验,考虑翻译与其他专业的结合，如采用"翻译+文学""翻译+经贸""翻译+企管""翻译+语言""翻译+法律"等模式培养翻译人才。

具体说来，可以在基础阶段（一、二年级）就让学生根据自身的学习兴趣跨系选修某专业的主干课程，夯实具体专业及语言基础，然后在高级阶段适当增加职业培训课的比重，供学生选修，以适应社会需求。当然，高校教育毕竟不是职业培训，翻译专业所培养的也不仅是译员，他们当中有一部分人还将成为从事翻译理论、翻译教学或其他涉外研究的后备军，所以突出通识教育，将人文社会科学、自然科学技术等融会贯通，培养学生的学习能力、合作能力、探究精神、创新精神等是至关重要的。毕竟他们将根据发展和需要，随时准备担负未来翻译研究、翻译教学、翻译专业建设的主要工作，推进我国翻译事业的发展。

（四）培养举措的创新

知识与能力之间的转化机制是"教学做合一"，即手脑并用、个性发展、知行统一。知识与人格之间的转化机制是"真善美统一"，即观点正确、方法科学、情操高尚。能力与人格之间的转化机制是"德才识统一"，即接触社会、研究问题、探索创新。

在翻译人才培养中切实贯彻这些原则，有助于翻译通才（兼备语言翻译知识、语言翻译能力、高尚品德的人才）的培养。总的说来，培养形式可实行以下几个结合：一是国内外结合，四年本科最好有半年或一年到所学语言国家进行专业学习；二是课内外、校内外结合，应该坚持课堂授课与课外实践相结合，四年内应有适当时间的笔译和口译的实习；三是导师负责与小组合作相结合；四是专题讲座与任务探究相结合；五是口试笔试与论文撰写、平时作业相结合，使学生确实做到"know what""know who""know why""know how"，既增长知识，又提升能力。当然，这就涉及具体的课程安排、教育理念、教学管理、学业评估等问题，需要以相关理论为依据，并在具体教育教学实践中加以检验。

第四节 翻译人才培养的机制

一、文学翻译人才培养机制

当前我国从事文学翻译活动的多数译者不能较好地传达外国文学的文学性。

第五章 翻译人才培养的相关理论

文学翻译对译者的文学素养要求较高，因此，文学翻译人才的培养可采取翻译教学核心框架嵌入中文专业的培养模式。文学作品本身就是一件艺术品，其品味高雅、内容厚重，有着自身独特的色彩、感情、语气、节奏等。文学翻译对译者的依赖性高，译者的文学素养、文字表达能力往往决定了一部文学作品在译入语语境中被接受的程度。著名翻译家林少华在接受记者采访时曾说："精彩的翻译，可以扩大原作的影响；蹩脚的翻译，可以毁掉原作的名声。"

当前，我国外语专业的学科建制导致外语专业学生的中文、中国文化知识的输入严重不足，这也就导致了外语专业学生的中外文转换能力不强，不能出色地传达原作的文学性。王宁教授在北京大学首届博雅文学论坛上一针见血地指出："国内培养的外语毕业生根本没有能力翻译文学作品。"2001年，中文系硕士李克勤荣获戈宝权文学翻译奖一等奖，他的获奖也被媒体称为"外行胜内行"。"四川大学中文系硕士毕业的李克勤并无翻译实践经历，但此次却凭比较贴切地传达原作风格及具有丰富表现力的译文勇夺一等奖，说明出色的文学翻译与译者的天赋及扎实的中文修养是分不开的。"不仅外语专业的大学生的中文表达与翻译作品的美感存在距离，就是外语专业的教师也往往因为其中文表达不佳而遭出版社编辑的诟病。海天出版社海外部主任胡小跃曾说："说实话，现在我找翻译，很怕找外语系的老师，他们的外语很好，但是中文一般是不敢恭维的。我也不敢找留学生，前几年有人找过我，不计报酬，但看了他的文字以后，还是放弃了让他翻译外国文学作品。能够读懂原作是基本要求，也就是说译者要具备一定的外语水平，但把外国文学作品翻译好，做到较好地传达文学作品的文学性，译者的母语功底是起决定性作用的。"中国著名翻译家屠岸先生曾说："要做好文学翻译，需要深刻掌握两种语言的精髓，而这其中，更重要的是掌握本国的语言和文化。因为好的文学翻译要把自己完全投入翻译对象中，体会原作作者的创作情绪，最终用母语再表现出来，这要求译者必须打下深厚的中文基本功底，领悟汉语言文学的精髓，使之融入血液中才行。"在我国目前的学科体制下，未来的文学翻译人才要打下深厚的中文基本功底，只有依靠中文专业的学科教学。因此，文学翻译人才培养应采取将翻译核心课程嵌入中文专业的复合式培养模式。

培养文学翻译人才迫在眉睫，因为我国文学译者已经出现了青黄不接的局面。现在的文学翻译主要依靠两支队伍，一是六七十岁的老翻译家，这支队伍的人数不仅日渐减少，而且当有急活儿时，通常不能求助于这个群体。还有一支队伍就是30岁到40多岁的中青年译者。其中虽不乏翻译速度快、外语水平高之人，但他们的中文功底明显不能和老一代翻译家相比，错译、漏译的现象也时有发生。翻译界的人才断代正在使外国文学的翻译出版在质量上陷入艰难境地。对文学翻译人才实行复合式的培养模式，不仅可以弥补当前我国外译中译者的断代问题，而且可以培养中译外的译者。

二、应用型翻译人才培养机制

英语作为世界通用语言，在国际政治、经济、文化等各方面的交流中发挥着重要的作用，尤其是随着中国综合国力的不断增强以及经济全球化趋势的不断深化，中国与世界各国的交流越来越密切。同时，中国文化的传播也需要借助翻译来实现。在现代社会中，英语已经成为人们所必须掌握的一门语言，翻译也成为人们应用英语进行各项活动时所不可或缺的技能。

一方面，翻译有着深厚的研究历史和丰富的理论基础，这些都为更好地实现翻译提供了重要的理论指导。因此，对于翻译者来说，要充分掌握翻译的相关理论，为翻译出理想的译文打下良好的基础。

另一方面，翻译是一项实践性较强的活动。脱离实践的理论再多也是枉然，我国的翻译教学也存在着"重理论、轻实践"的弊端，这就导致我国应用型翻译人才在实践能力上表现出一定的欠缺。针对这种情况，翻译教学理应顺应社会对应用型翻译人才的广泛需求，加强对应用型翻译人才的培养。

对于我国的学生来说，在翻译实践中，经常出现这样或那样的问题，从而导致翻译不理想甚至失败。这主要就是由于他们对于英语文化以及英语翻译技巧与策略掌握不足。因此，对于应用型翻译人才的培养来说，应从以下方面入手：英汉对比翻译、翻译审美、翻译技巧、口译能力、笔译能力。同时，也要构建符合应用型翻译人才培养需求的教学模式。只有这样，才能够真正实现对应用型翻译人才的培养。

三、小语种翻译人才培养机制

随着我国对外交流的扩大，小语种翻译人才短缺的现象日益凸显。通俗而言，在我国，小语种是指除英语之外的其他外语。成都翻译协会秘书长孙光成曾说："四川专业翻译人才缺乏，小语种（韩语、泰语、捷克语等）翻译人才更是奇缺，整个成都市懂西班牙语的翻译人才只有两三个。"小语种翻译人才短缺与我国高校的小语种专业设置不平衡是有直接关系的。我国小语种主要集中在日语、俄语、朝鲜语（韩语）、法语和德语等五个专业。开设其他小语种的高校则要少得多，如国内开设菲律宾语专业的院校只有北京大学和中国民用航空飞行学院两家；开设豪萨语专业的只有北京外国语大学一家；开设斯瓦希里语专业的高校只有天津外国语大学一家。土耳其语、僧伽罗语、乌尔都语、希伯来语等语言虽然被教育部列为我国高等院校本科专业目录，但目前却无一院校开设上述专业。

翻译系统不能对小语种译者起到很好的激励作用，学小语种专业的大学生毕业后要么进入国家外事部门，要么进入外贸部门，而不愿意从事翻译工作，导致小语种翻译人才难觅。

我国的对外交流是全方位的交流，如果小语种翻译人才稀缺，则不利于多元文化的交流和发展。因此，培养小语种翻译人才是目前我国教育部门的迫切任务。

小语种翻译人才除了要翻译和引进小语种国家丰富的文化资源之外，更是肩负着将中国文化译介到世界各国的重任。目前，我国图书"走出去"工程主要是中译英，这主要是因为懂英语的翻译人才多，或者说目前我国还不具备把中国文化译介到小语种国家的能力。但只有走进小语种国家，才能增加中国文化与他国文化碰撞、交流的机会，中国文化只有在碰撞与交流中才能保持生机和活力，才能增强国际竞争力。因此，要扩大中国文化的覆盖面，就必须通过翻译使中国文化进入小语种国家。在新形势下，国家教育部门应该适当扩大小语种招录数量以及高校的招生比例，丰富和发展各种小语种教育，培养各种小语种翻译人才。这对于促进我国与世界各国的经济、文化交流，维护国家文化安全，反对西方文化霸权主义，增强文化竞争力，具有极其重要的意义。

第六章 翻译人才培养的相关举措

翻译人才作为与世界联系的纽带，在经济全球化、国际化进程中发挥着中流砥柱的作用，扮演着举足轻重的角色，因此，有必要对翻译人才培养的相关举措加以探索。

第一节 翻译人才培养的本土化身份建构

一、翻译人才培养本土化身份建构的意义

现如今，英语已经是适应新形势需要的国际通用语言。越来越多的人将非母语的英语作为自己进行文学创作的语言，不同国家的人以同一种语言形式表达各自民族的个性，展现各自的本土文化。由此可见，英语并非和某一特定的文化，甚至某一特定区域的文化相对应。因此，在我们把英语作为国际语言教学的今天，将跨文化教学等同于英美文化的导入未免失之偏颇，在翻译教学中忽视本土文化的导入必将导致我们培养出的翻译人才出现"本土文化失语症"，即翻译人才可以说一口流利的英语，但是对本民族的本土文化却无法用英语表达出来。这种现象对于塑造新一代翻译人才的人生观、价值观，增强翻译人才的自我认同感，提高我国的国际地位都是不利的。因此，在跨文化翻译教学过程中进行本土化身份的建构是十分必要的。

（一）符合经济全球化的时代背景

经济全球化的重要特征是文化明显呈现出多元性的趋势。高新技术特别是信息技术及其产业的迅猛发展使人类的交往已经扩大到全球范围，形成了世界性的普遍交往。这就促使中西方文化不断交流，从而减少和避免彼此间的对立和冲

突，由此呈现出一种新的态势——多元发展趋势。在经济全球化背景下，经济与技术的交往、商品和资本的流通、信息的快速传播、人员的跨国流动、大众传播媒介和网络的发展，这一切使得各民族的文化突破了特定的地域环境和社会语境，变成一种"流动的符号"，融入一个全球性互动的文化网络之中。

（二）培养翻译人才的民族感情

未来的竞争，是国民的竞争，是文化的竞争。一个在文化上自卑的、缺少民族文化认同感的民族，是不会在这场竞争中坚持下来的。因此，我们要充分认识到，培养学生民族文化认同感的紧迫性和重要性。

我国的传统文化博大精深、历史悠久，几千年来，它维系着中华民族的精神追求和文化命脉，也是世界文化体系中的重要组成部分。中华民族的传统文化是中华民族长期发展的产物，它的形成和发展有其历史的必然性和内在的规律性。在当今经济全球化发展的过程中，继承和弘扬本民族的优秀文化传统，是有效抵御外来文化侵袭的重要手段，在民族进步和历史发展的过程中起着多方面的重要作用。回顾中华民族的历史，我们更能清楚地看到，中华民族的传统文化，特别是其中的优秀部分一直是我们的民族之魂，是维系中华民族生生不息的精神纽带，在中华民族的历史发展和社会进步中一直起着积极的促进作用。然而由于种种原因，大学生中淡化民族文化的倾向依然存在。大学生更有条件接受外来文化，如果不加思考地全部接受，或者不论场合盲目地模仿，或者"崇洋媚外"，或者对自己民族的文化加以否定，那都不是我们教育者的初衷。诚然，西方文化与东方文化之间并无优劣好坏之分，但是我们有自己的文化传统，有自己的文化精华，它们滋润着延续了五千年的中华文明，是任何一种文明都无法替代和超越的。因此，我们必须强调"文化自觉"，提升民族意识，培育民族精神，对中国传统文化中的优秀部分应结合现实需要加以提升和吸收。民族精神是一个民族赖以生存和发展的精神支柱，一个民族如果没有振奋的精神和高尚的品格，就不可能自立于世界民族之林。

所以，不管是学校教育还是社会教育都要加强对大学生中国传统文化的教育和引导，让学生在继承优秀文化传统的过程中弘扬和培育民族精神。而外语教学中的中国文化认同教育不仅可以传授文化知识，而且还能通过历史事实激发学生的民族自豪感，激发他们的爱国热情，培养他们的爱国主义精神，树立其民族自尊心和责任感。

（三）提高翻译人才的人文素质和思想道德修养

教育部原副部长周远清认为，素质是人在先天生理的基础上受后天环境的影响，通过个体自身的认识、实践及训练，形成身心发展相对稳定的基本品质。中国政法大学石亚军教授认为，人文素质是人类种族和个体在发展进程中积淀的关于文、史、哲及真、善、美的基本常识、意识价值观和行为品格的总和；也有学者认为人文素质是人通过学习所获得文、史、哲、艺等方面的人文知识及因这些知识而展现出来的外在涵养。

中国文化教育是培养大学生人文素质和思想道德修养的有效途径。他们在小学、中学阶段曾经接受比较系统的母语教育，不断得到母语文化的熏陶，但是，他们的母语文化基础只是在无意识中建立的，是零碎的，而非系统的。到了大学阶段，英语专业学生的主要精力投入英语学习，接触的大多是外语材料，而浓浓的英语文化气氛亦使他们淡化了母语知识和文化。

思想素质是一个人素质高低的重要衡量标准。没有较高的思想素质，再有才华的人都是不全面的。因此，我们必须让学生借助中国文化课程，学习中国文化知识，阅读相关的文化书籍，系统、全面地学习了解本民族文化，有意识地吸收文化精华，加深文化内涵，让学生对祖国的传统文化有所了解，并培养学生对祖国灿烂文化的热爱之情，从而激发他们对人类社会发展的责任感和使命感。只有这样才能提高大学生整体人文素养和思想道德修养。

（四）促进翻译人才理解和传播本土文化

一个民族的文化是其屹立于世界民族之林的独特品质。中国是有着五千年历史的文明古国。祖先给我们留下了博大精深、光辉灿烂的文化遗产。像中国古代的哲学思想、宗教信仰、古代教育和科技成就；汉代的辞赋、唐代的诗歌、宋元的词曲、明清的小说和戏剧，还有祖先们在医药、农业、天文、地理等方面的巨大成就，都闪烁着智慧的光芒。我们的文化遗产不仅在精神上哺育了一代代华夏儿女，而且其伟大作用也正在为世界上的其他文化所认同和接受。许多学者研究提出，中国文化是能够在21世纪发挥日益重要作用的文化。如英国著名学者汤因比在《展望21世纪》一书中说，中国的传统文化，尤其是儒家和墨家的仁爱、兼爱思想学说是医治现代社会文明病的良药。他指出，儒家的仁爱"是今天社会所必需"的。我国国学大师季羡林先生也提出"东学西渐"的理念来论述中国文化对当今世界的影响。

第六章　翻译人才培养的相关举措

在经济全球化深入发展之时，在与西方社会交流频繁的今天，我们需要更多的能熟练掌握外语并能利用外语向西方弘扬中国文化的人才。发展和弘扬本民族文化已经成了我国文化发展的当务之急。然而，很多时候我们却发现我们培养的大学生无法用英语表达平时自己熟悉的本国文化（或表达得不到位）。在跨文化交际中英语语言只是一种交流的工具，其实质是双方思想和文化的交流。若只是一味地吸收外来文化，而无法将本民族的优秀传统文化传播出去，这种交流本身就是不平等的，长此下去对国家和民族的发展不利。要想让中华民族崛起于世界民族之林，我们就应该让世界了解和尊重中国的文化。

作为青年人的大学生，既是西方国家"文化渗透"的对象，又是我国文化对外传播的承担者，理应在英语学习中加强母语文化的积淀，担负起传承中国文化、与世界人民共享人类宝贵精神财富的任务。尤其是英语专业的学生，在学好英语语言文化的同时，必须系统强化中国文化，达到能用英语娴熟而准确地表达中国文化的程度，向世界传播和弘扬优秀的中国文化，以利于人类的良性发展与和谐世界的创造。

（五）促进中西文化共同发展

我国已有五千年的传统文化，而在中国学术研究中关注最多的文化交流就是明末清初的中西文化交流。因为随着中国转型期的到来，中国文化也正处于重建和转型的关键时期，加上在经济全球化的影响下中西方文化间的碰撞和交流，促进中西文化共同发展成为现代文化发展的重要任务。

经济全球化在文化上表现为一种丰富多彩的、各具特色的多元文化，人类文化的多元性体现了不同民族地域文化的丰富性特征。人类历史表明，正是各种不同体系的文化构成了世界文化的宝库，正是人类不同文化表现出来的个性化特征构成了人类文化的灵魂，它们使得世界文化宝库多姿多彩，所以在应对经济全球化挑战的这个问题上，主张"全盘西化"或主张本土主义、民族主义显然都是不可取的。文化本身并没有优劣之别，每一种文化都适应着一定的社会历史条件，并且发挥着自己的作用。中西方文化根植于不同的民族土壤，都处于动态的进化过程中，既有优点，又有不完善之处，因而中西文化在交流的过程中应该享有平等的地位和权利。现阶段的文化教育应兼顾目的语文化和本族语文化，要克服民族自卑心理和民族中心主义两种极端情绪。在英语教学中进行中国文化认同教育，实际上是用英语进行文化的双向交流。这也是社会赋予新时代大学生们的神圣使命。我们在英语教育中开设西方文化课程的同时增设中国文化课，应是两手抓之举。在外语学习或跨文化交际中,学生是以双重的文化心理进行的。建立比较系统的目的语文化知识体系,能深层次地了解西方民族思想的起源、风俗习惯、语言及其反映的思维方式和这种思维方式对语言应用的制约;而建立扎实的母语文化基础,则能从另一角度了解自己和别人,扩大文化知识储备量,促进知识的平衡,完善知识结构。中国文化意识的培养应贯穿于英语教育的全过程,在教学中不断渗透中国文化元素,可以培养学生强烈的民族自豪感和平等文化交流的态度,从而进行健康有益的跨文化交流。教师要引导学生意识到文化的世界性,学会生存、学习和合作,学会理解和关心他人。从某种意义上说,系统的中西文化知识使学生感悟中西文化的异同,使他们在学习和实践中,有意识地比较区分,培养文化的敏感度和辨别能力,减少文化错误和文化冲突,顺利地完成双向文化交流。

(六)促进文化相互交往与多元化发展

文化的平等性显示了各民族的文化都具有独特价值,无优劣贵贱之分;文化的交往性即系统结构中存在一定的相互联系的文化,体现了各文化之间的相互影响;文化的差异性说明各文化都是各不相同、独一无二的;文化的内聚性是指由于各文化间存在共性,可以相互借鉴。多元文化的提出,其实质目的不是要突出某一种文化,而是提供了处理两种以上文化间相互关系的态度和方法。所以重视本土化教育是多元文化平等性原则的体现,外语教学不应该只给学生提供学习和了解目的语文化的机会,还应该起到对外传播本民族文化的作用。在与多元文化接触和交往的过程中,我们应该更客观地认识与理解自身文化,辩证地对待自身文化,取长补短,进而提高学生的认知能力、判断反省能力、独立思考能力等,培养其在不同文化中的适应能力。

(七)提高翻译人才的跨文化交际能力

所谓"跨文化交际",就是指在特定交际情境之中,具有不同文化背景的交际者用同一种语言(母语或目的语)进行的口语交际。

文化翻译教学中插入适当的中国文化教育,有利于学生提高语言综合能力和交际能力。《大学英语教学大纲》明确指出,大学英语的教学目的是"培养学生具有较强的阅读能力和一定的听、说、写、译能力,使他们能用英语交流信息。大学英语教学应帮助学生打下扎实的语言基础,掌握良好的语言学习方法,提高文化素养,以适应社会发展和经济建设的需要"。

这里所说的"用英语交流信息",不应片面地理解为用英语这门工具去学习和了解外国先进的科学文化知识,而应理解为双方信息的相互沟通,包括用英语进行母语文化的有效输出。"提高文化素养"主要是靠外语教育中的文化教育来予以实现的。大学外语教育应有助于学生开阔视野,扩大知识面,加深对世界的了解,借鉴和吸收外国文化精华,提高文化素养。与此同时,外语教育也应有助于学习者进一步了解本族语的文化精华,并掌握它们相应的外语表达。

王佐良、许国璋、李赋宁、王宗炎等英语界泰斗都是在汉英两种语言、两种文化的陶冶下成长起来的。在他们的时代,还没有英语文化教学这一概念,然而凭着他们深厚的母语和母语文化基础,他们掌握了英美文化,获得了外语交际能力。许多著名的翻译家如巴金、鲁迅、叶君健、杨宪益、萧乾等,他们本身就是中国文学作家,他们的译作水平至今仍无人能及,因为他们本身就是中国文化专家。

胡文仲、高一虹于1991年对全国26名"最佳外语学习者"进行调查后,得出的分析结果是"调查对象在学习外语和外国文化的过程中逐渐培养了自己突出的扬弃能力。这种能力不仅有助于他们的语言和交际能力,而且对于整体人格的完善也有着积极的作用。对待母语、母语文化的态度与对待外语、外国文化的态度是互动的;对于母语、母语文化和对于外语、外国文化的掌握是相互促进、相得益彰的"。这些人的经历表明,他们的母语和外语、母语文化和外语文化在人格中被有机地整合在一起。他们厚实的母语根底、博大精深的母语文化知识,造就了他们超出常人的外语水平和外语交际能力。

由此可见,未来社会的外语翻译人才不仅具有较高水平的外语知识、外语技能和外语交际能力,而且必须同时具有很高的个人素质,如高度的社会责任感与强烈的民族自尊心等,这是我们外语教学中不可分割的一部分。在此当中,外语教学中的中国文化教育将对此贡献出它应有的力量。

二、翻译人才培养本土化身份建构的原则

在翻译教学中实施本土化教育必须确立原则,这是为了有计划、有目的和有层次地将语言和非语言所承载的文化内容纳入翻译教学总的体系中去,使传授语言和介绍文化同时在一个层面上展开,从而帮助学生有效克服因文化差异而容易发生的跨文化交际障碍。

（一）文化创新原则

我们必须把在文化翻译教学中培养学生的文化认同感放到经济全球化的大背景中去。经济全球化要求我们要有理性的文化认同观。在经济全球化的推进过程中，世界各民族的文化日益从原本封闭隔离的状态走向了与其他文化的交汇交流，并在这一过程中不断获得文化新质。在这种形势下，无论我们愿不愿意承认，所谓的文化认同只能以文化创新的姿态出现。创新决定着传统文化的生命力，创新是对传统文化最好的继承和认同，也是对文化糟粕最有力、最深刻的批判。我们应该在坚持文化平等的基础上，兼取各文化之长，并加以融会贯通，创造出新的中国本土文化。我们要对中外文化进行综合分析，对我们有益的就"拿来"，无益的就舍弃，有害的就加以肃清。新文化是多种有价值的文化的新综合，同时也是一个文化创新的过程、一个文化生成的过程。只有这样，中国文化才能实现质的飞跃。

（二）对比性原则

对比性原则就是将本土文化和目标文化进行对照、比较，在找出相同点的同时，更重要的是发现差异。欧洲杰出的理论家翁贝尔托·埃科 1995 年访问中国，在北京大学发表演说时精辟地指出："了解别人并非意味着去证明他们和我们相似，而是去理解并尊重他们与我们的差异。"翻译教学中的中国文化教育对比原则，就是让学生对中国本土文化和西方文化进行对比研究。

中西方文化都是多年流传下来的约定俗成的价值观念、交际规则与知识体系，不存在优劣之分。教师在鼓励帮助学生进行中西文化对比时，应当告诫学生实事求是，不进行优劣方面的评论。一方面，要消除文化中心主义，不要认为本民族文化一切都好而蔑视西方文化；另一方面，也不要崇洋媚外，认为外国的月亮都比中国的圆，这样会丧失民族性格，最终导致中国传统文化的流失。教师应鼓励学生在中西文化发生冲突或表现相同时进行对比。通过对比，学生既可以深刻体会到两种语言、两种文化的差异，又能够加深对中西文化的理解，这对于传承中国传统优秀文化、保持中国文化身份起着至关重要的作用。在对比中要特别注意三个方面：①目标文化所具有的而本土文化所不具有的；②本土文化所具有的而目标文化所不具有的；③本土文化和目标文化都具有，但有一定差别的。

第六章　翻译人才培养的相关举措

（三）实用性原则

实用性原则就是要求导入的中国文化内容与大学生所学的教材内容密切相关，与学生的日常交际所涉及的主要方面密切联系，要对学生今后的工作、学习和生活具有一定的实用价值。翻译教学要结合语言交际实践，使学生不至于认为语言和文化的关系过于抽象、空洞和捉摸不定，从而激发学生学习语言和文化的兴趣，提高教学效率。中外文化翻译教学的目的是要培养学生运用所学的语言知识和文化知识进行交际的能力。这就要求教师必须注意语言文化知识的实用性原则，从教学实际出发，在传授语言知识的过程中适时地导入相关的文化内容，语言知识讲到哪里，文化知识也随之落到哪里，而不是把教语言与教文化割裂开。

（四）循序渐进原则

中外文化翻译教学不能独立于语言教学之外，讲授的重点、程度、方式、分量要根据不同层次、不同课型的教学要求进行合理安排。在初级阶段，教师多教一些普及性的文化知识，如中西方社会的风俗习惯和日常行为模式的内容，让学生明白在日常生活和交往方面主体文化与目的语文化的差异，以及在语言形式和交际中的具体表现。到了中高级阶段，则要多讲一些专门性的文化知识，让学生了解目的语文化与本土文化在思想观念、思维方式、思维习惯、价值观念、民俗心理和民族感情等方面的差异及其在语言形式中的具体表现。

（五）适度性原则

适度性原则是指在翻译教学中文化教学内容和教学方法的适度。在这里指的是我们在文化翻译教学中要注意中国文化输入的量和度。要学好一门外语，首先要了解与其相对应的文化，因此，外语教育的首要任务应该是先让学生掌握外语文化，这对提高学生的英语综合应用能力是非常有益的。教师要在学习外语文化的同时对学生进行中国文化输入。课堂的时间毕竟是有限的，所以，教师应该积极倡导学生进行适量的课外阅读和实践，增加文化知识的积累，创造机会让学生自己进行探究性、研究性学习，增强自主学习的能力。

（六）自我原则

美国哲学家爱默森认为，自我是我们唯一学习和研究的主题。以自我为中心是西方价值的实质。不同的环境造就了不同的价值观和思维模式，也形成了不同的文化意义和文化特点。在跨文化交际中，我们既要了解对方，也要保持自我，体现自我的民族性。越是民族的东西越具有国际性，我们应最大限度地保留中国传统文化的特色和民族语言的风格，如将"饺子"译成"jiaozi"；将"珠穆朗玛峰"译为"Mt. Qomolangma"，而不是"Mt. Everest"或"Goddess Peak"等。这样才能将中国文化推向世界，让世界了解中国。

三、翻译人才培养本土化身份建构的策略

（一）认识中国本土化的精髓

本土化首先限定于一个地域概念，既与一个地理位置相对应，有一定的区域特色。本土化还与该特定区域中的政治变革、经济发展和人文传统等的发展密不可分，是一整套系统的、整体的、和谐统一的，无法在其他区域复制的文化传统。本土化是特定区域中民族智慧的结晶，通常具有鲜明的民族特色，同时又蕴含着本土精神。中华民族地大物博，又几经历史变迁，在地理条件、经济形态等若干因素的影响下，我国的本土化也在各个地区呈现出不同特点，但是中国本土化还是有一定的共同特征的。

一是民族性。中华民族是一个拥有五十六个民族的大家庭，每个民族都有其独特的民族文化。因此，中国本土化在各个民族聚集地呈现出不同的民族性。

二是区域性。这与中国的地理区域、历史发展是密不可分的。由于各个地区的地理条件不同，形成了中国不同的地域文化，比如齐鲁文化、关东文化和巴蜀文化等。

三是功能性。城市本土化往往被城市的经济功能、交通地位等因素打上烙印，并且由于城市功能不同而体现出不同的特质。

在翻译教学中，教师应有意识地进行文化比较，导入中国本土文化，让学生了解中国本土文化，以中国本土文化为自豪，并学会用英语表达，为跨文化交流中传播中国文化打下坚实的文化和语言基础。

（二）重视本土化教学

要解决学生在跨文化交际中出现的"中国文化失语症"，教师首先要纠正自身对跨文化交际的理解，加强自身对本国文化的重视。只有教师自己先重视起来，才能更好地引导学生也重视对中国文化的学习。在高校英语专业教学中加强对学生的中国本土化教学的认识，是加强中国本土化教学的原动力。教师在英语

第六章 翻译人才培养的相关举措

教学中加强中国本土文化的自我表述能力教学，大力宣扬中国本土化精华与中国改革开放的新面貌，意义重大。教师应培养学生的跨文化交际能力，包括培养其理解目的语文化与英语学习者的本土化的能力，包括培养其察觉和处理两种文化差异的能力，而不是丢弃自己已有的社会文化身份，假扮是英语母语者。教师应当清楚地认识到，跨文化交际是保持本国文化身份的"双向的"交际，而非顺应本族语者的"单向的"交际。因此，我们在跨文化交际中要保持应有的民族自尊心和自豪感，谦虚而不谦卑，骄傲而不高傲。此外，英语学习者可以奉行文化的"拿来主义"精神，将外国语言和文化挪为己用，而非使我们自己顺应外国文化，同时，我们也要有意识地把本国文化推向世界，变被动的、消极的交际为主动的、积极的交际。

世界各种文明并存与文化互动标志着经济全球化时代的到来，中国文化由本土性向国际性的转变是中国和平崛起的重要构成部分。中国昔日对世界文化的吸收能力为翻译教学带来了"文化逆差"现象，而随着翻译教学中的中国本土化教学内容的增加，中国本土化的"文化顺差"趋势必将形成，以中国本土化的影响与渗透为中国"软实力"增强的标志。在高校翻译专业教学中进行中国本土化教学要建立以中国的"儒家文化""和文化""饮食文化""中国功夫""中国医药"等为核心的中国特色的"中国模式"本土化教学，把这些内容融入英语教学中，把丰富且深邃的本土化内涵介绍给世界，让中国文化融入世界文化大家庭。中国文化不是孤悬于世界文化总体以外的封闭体系，我们应扩大和加强与世界各国人民的文化等诸方面的交流，实现高校英语教学所要达到的真正意义的无障碍跨文化交际。

要提高学生的"综合文化素养"，教师就要在课堂上有适当的文化输入。过去人们通常认为中国文化是中国人理所应当知道的，因此大学英语中的文化翻译教学应该是英美文化的教学，学生只要掌握了英美文化，便具备了跨文化交流的基础。而且，为了避免英语学习中本土化的负迁移，中国文化常被英语学习者有意地"规避"或"忘却"。其实，文化不是先天所有的，而是后天习得的。文化中的大部分是不自觉形成的。只有通过系统的学习，才能变"不自觉"为"自觉"。这样学习者才能意识到文化的差异，进行文化对比学习，揭示英美文化和中国文化的内在特征，增强自身的文化敏感性，有意识地避免本土文化的负迁移。

另外，跨文化交流是双向的。如果我们只知道英美文化，对本土文化不甚了解，或即使了解了也不知道怎样用英语表达，那么跨文化交流就无法进行。我们只有保持本国文化的身份,在跨文化交流中才会有真正内容,才能有思想的沟通。特别是在经济全球化的浪潮下,英语学习者更要有一种文化交流意识、民族文化保护和传播意识。同时,也要增强自己的本土文化自信心和认同感,利用英语向世界介绍和传播中华民族的优秀文化。

文化是语言滋生的土壤,语言在形成和发展的过程中,反映了社会生活的各个侧面,并折射出独特的文化现象。本土化指的是本地区或本民族相对于其他地区或民族来说特有的文化,对于外来文化而言,本土化是一种主位文化,它最大的特点是稳定性。本土化是在长期的历史发展中逐步形成的,具有强大的惯性、普遍的穿透力和广泛的影响力,不可能在短期内发生很大的变化。我国民族地区的本土化是长时期发展演变形成并体现在这些地区的民族性格和精神中的文化,是一种区域性文化,但同时也是中华文化不可分割的重要组成部分。

文化翻译教学的任务是培养能够在不同文化背景下进行跨文化交际的人才,其根本目的在于实现用外语进行跨文化交际。要使外语教学变得有效且符合实际,教师在教学过程中就需注重培养和强化文化的平等交流意识,即开放合理的跨文化意识,避免外语教学成为英美社会文化统治的工具。

我们应该意识到在中西方交流中,双方文化是平等的,不存在一方应该尊重另一方文化的问题,而是应该互相尊重、互相理解。积极地适应目的语文化能够使交际双方更好地理解和沟通,而传播本土文化能使交际双方更容易得到相互的尊重。在学生学习外语语言知识的同时,教师还应培养学生正确的中西方文化价值意识,应引导学生形成文化认同感,以及目的语和母语的语言和文化平等的概念。一方面,在教学过程中,教师要让学生认识到,学习外语的目的就是要与外国人成功地进行跨文化交际,理解并吸收其文化的内涵;另一方面,在进行目的语文化导入的同时,教师还要努力丰富学生的跨文化心理,进一步丰富学生的中华文化修养,以更好地实现文化的平等交流。事实上,语言和文化的学习不仅使学生掌握目的语的相关知识和内容,而且也是学生不断地自我完善和发展的过程。学生只有树立起正确的文化价值观,拥有了对自己国家文化的认同感和自豪感,才会更加深入地去探寻并了解中华文化的博大精深,才会真正地拥有对国家和民族的责任感,才能自觉而有效地用外语来表达中华文化。

文化交流和文化互动的要求是双向的,中国人要学习、适应外国文化,同样西方国家也要学习、适应中国文化,双方只有相互尊重对方的文化,本着平等的原则理解和尊重不同的文化,绝对不能以一方的价值标准来要求对方,也不能以一方的语用规则来衡量和评判对方的语言运用,这样才能达到真正的文化交流。

大学生必须重视对中国文化的学习，加强对中国文化英语表达能力的培养，以在跨文化交际中实现自己的文化主体身份，避免中国文化"失语"的尴尬情形。

（三）以文化翻译观指导翻译教学

随着跨文化交际学的发展，翻译理论研究中出现了注重文化因素的取向，即文化翻译。这既是由翻译理论研究的开放性特点所决定的，更是翻译的本质使然。所谓文化翻译，指的是在文化研究的大语境下来考察翻译，探讨文化与翻译的内在联系和客观规律。文化翻译观就是从文化研究的角度研究翻译。文化翻译观的主要内容包括：翻译不仅是双语交际，它更是一种跨文化交流；翻译的目的是突破语言障碍，实现并促进文化交流；翻译的实质是跨文化信息传递，是译者用译语重现原作的文化活动；翻译的主旨是文化移植、文化交融，但文化移植是一个过程；语言不是翻译的操作形式，文化信息才是翻译操作的对象；等等。

从文化翻译观出发，翻译的主旨是文化移植，而不是文化同化。那种"无痕"的翻译从根本上说是一种文化同化的结果。例如，"水中捞月"译为"fish in the air（空中钓鱼）"，还是"pluck the moon from the lake"，或"grasp the moon in the water"呢？到底哪种译法更好？前者是被转换成译入语中为读者所熟知的表现形式和文化意象，提高了可读性和可接受度，但读者却领略不到异国情调带给人的新奇与美感；而后者起初会让人感到有点奇异，但是理解之后却能带来一番新景象，在解读过程中获得一种先惊讶后愉悦的审美心理体验。翻译是文化传播的一种工具，把文化语境纳入翻译研究要求翻译教学进行改革。翻译教学首先应该是一种文化交流活动，其次才是语言交流活动，在翻译中应该以跨文化视角来实现翻译教学功能最大化。

（四）课程设置中要包含本土化

在我国高校的英语课程中，翻译是一个重要的组成部分。翻译作为一种英语教学模式，对学生整体的英语水平的提高具有重要意义，翻译能力是学生英语综合水平的重要考核标准。

对于翻译专业的学生来说，比较切实可行的方法是在增加中国文化课程的同时，在现有的课程内容中添加本土化以及文化对比的内容。比如在听力课程中，要求学生除了听 VOA、BBC 新闻之外，还应该听中央九套和中国国际广播电台的英语节目；在阅读课中适当引入中国本土化的英语材料，包括中国作家的英语文学作品、英语译本和英语本族语作家写的有关中国的作品，引导学生理解中国本土化；在口译课中有意识地选择与中国政治、宗教、民俗、价值观、文化等有关的材料要求学生翻译。这种方法简单易行，在对学生传输中国文化的同时提高了他们综合运用英语的能力。

（五）采用导入本土化的教学模式

影响语言理解和语言使用的文化因素多半是隐含在语言的词汇系统、语法系统和语用系统中的，所以首先导入的是有关词汇的文化因素。从某种意义上来说，词汇是一种文化符号。由于人类的文化传统、生活习惯、经历有其相似性，所以英汉语言中部分词汇的文化内涵极其接近；另一方面由于受到宗教信仰、地域环境、风俗习惯、亲属关系等许多因素的影响和制约，两种语言的词汇文化内涵又存在着极大的差异。在翻译课堂上，教师不能只是一一罗列成对的英汉成语，或只是讲解英语成语所承载的英美文化背景，而应该同时与汉语成语相对比，以区分其异同，以便于学生更深刻地理解中西方文化的差异，更好地从事日后的日常交际及翻译工作。

（六）重视提高教师的本土化知识

在经济全球化的背景下，英语不仅是一种交际工具，也是一种文化，是思维和社会活动的产物。在 21 世纪，世界上多种文化并存的环境决定了跨文化交流的双向性，每一个民族都带着自己的文化与别的民族进行交往和交流。在不同文化交流的过程中首先需要理解异域文化，这种理解不仅包括对人类文化共同领域的理解，还包括对各民族不同的文化进行理解。语言是交流的主要工具，它应当承担起促进人类全面交流的使命，不能使交流天然地被局限于共同的领域。这种教学理念要求我们英语教学应与中国文化表达息息相关，也只有这种教学理念才有助于我们重新认识英语教学，改革英语教学、从而建立一套有效的"中国文化英语表达"教学体系。

英语教师应首先建立一个坚定的文化立场，认识到中国文化为人类的文化发展所做出的独特贡献，以及认识到学习本土文化、加深对外国文化的了解、提高学生的识别能力和欣赏外国文化能力的意义。具备深厚的双语基础，正确认识双文化教学，有强烈的跨文化意识，是提高教师综合素质的主要任务。双语基础的基本素质要求英语教师不仅要掌握准确而全面的知识，而且应掌握汉语语言学，如汉语构词规则、语用能力等。

（七）增加教材中本土化的比重

中国的教育文化决定了教师和学生对教材的高度依赖。教材在教学中起着重要作用。国内外许多专家对外语教材中的文化内容提出过不同的评价模式。本土化是外语教材中不可缺少的部分，在翻译教材中增加中国本土化内容是必要的。

（八）翻译教学考核中要包含本土化

考核是教学的重要一环，相关高校应该加快考核评估与教学实践的一体化建设。合理的课堂考核机制对学生学习的自觉性与积极性能产生激励与促进作用。

长期以来，我国的各级各类英语考试一直以考查学生的听、说、读、写、译等语言能力为主要目的，这就使学生形成了一个严重的错觉：学英语就是学语言。因此，在考试这根指挥棒的引导下，学生自然而然地就把学习的注意力集中在语言上，而对语言所承载、所表述的文化内容却轻而视之或视而不见，这无疑是本末倒置、轻重不分的。这也是为什么我国的英语教学始终难以提升到一个更高层次的重要原因。要改善这种"文化贫血"的状况，就必须在教材、教学改革的基础上改革目前的考核方式，充分利用考试的积极作用，因势利导，引起学生对文化的重视，从而真正学好文化。

教学评价考核不仅可以客观、及时、定量、定性地测量师生的教学成果，而且对课堂教学发挥着直接的导向作用，更为重要的是它还会影响学生自学能力的培养和学习习惯的养成，最终决定性地影响人才培养的类型。现行的外语教学评价体系仍然是结构主义语言学的产物，评价的内容往往只侧重目标语语言本身的知识与技能，很少涉及本土文化的外语表达，更没有涉及对学生的跨文化批判性、创造性思维能力的评价，所反映出的学生学业水平有较大的片面性和失真性。

考试成绩是衡量教与学有效性的一个重要的质量指标，它引导了教学的趋向，调节着教师的教学行为，帮助学生全面了解自身的实际学习效果。为使用好考试这个指挥棒，实现以考促学，带动文化意识的培养，我们可以探索在翻译教学考试中融入本土化的成分，引导师生关注和学习本土化词汇的英语表达。在跨文化翻译教学实践中，要建立和完善一个涉及本土化的科学、实用、系统的学生成绩评价体系，把本土化列为学生形成性评估和终结性评估的一项重要内容。教学评估是翻译教学的一个重要环节，对学生的评估分为形成性评估和终结性评估两种。形成性评估是教学过程中进行的过程性和发展性评估，特别有利于对学生自主学习的过程进行有效监控；终结性评估是在一个教学阶段结束时进行的总结性评估，主要包括期末考试和水平考试。我们应打破过去单一的笔试考核方式，采取多元化的评估方式，增加日常考核的力度和比例，督促学生重视平常的课堂练习和活动，借以全面评估学生的综合能力。在教学评估考核中，我们还要注意适度增设中国传统文化、民族信仰、婚俗饮食文化、经济社会制度等内容。毫无疑问，评估对于学生的学习内容有着非常重要的指导作用，所以我们应该把汉语文化列入评估的内容之中，只有这样才能在另一个方面督促学生掌握好本国文化。

第二节　翻译人才的跨文化交际能力培养

一、跨文化交际能力的定义

跨文化交际能力是进行有效交际的基础，它是跨文化交际领域中重要的研究课题。

有些西方学者认为，交际能力具备两个核心概念，即"有效性"和"适应性"。"有效性"是指交际者使自己的交际行为达到预期的目标的能力。"适应性"是指交际者使自己的交际行为符合交际情境的能力。也有很多学者认为，跨文化交际能力不仅仅包含这两个要素，还包含很多其他要素，但至今没有统一的观点和看法。

施皮茨贝格认为，跨文化交际能力是遵循（语言）对环境和关系的适应性规则，并且能使交际目的得以实现的能力。

陈国明指出，跨文化交际能力是指在特定环境中有效进行交际并获得预期回应的能力。陈国明和斯达罗斯特对跨文化交际能力模式进行了研究和总结。他们认为跨文化交际能力包含情感、认识和行为三大要素。就情感因素而言，具备跨文化交际能力的人在进行跨文化交际的整个过程中都能够表现出积极的情绪，而且他们承认文化差异的存在，并且尊重文化差异，有着较高的文化敏感度。就认

第六章 翻译人才培养的相关举措

知因素而言，具备跨文化交际能力的人有着较强的跨文化意识，也就是通过对自身文化和他人文化的理解而形成的对周围世界认知的变化。行为因素指的是人们进行有效的跨文化交际行为的各种能力，包括获取语言信息、运用语言信息等具体的跨文化技能。

英国学者拜卢姆等人认为，跨文化交际能力包含态度、知识和技能三方面的内容。态度是跨文化交际能力的重要组成部分，是指交际者对自身文化与目的语文化差异的态度。交际者应以开放的态度认识自身文化，同时以积极的态度对待目的语文化。知识包括本国文化知识和目的语国家的社会文化知识。技能包括理解、说明并建立两种文化间关系的技能，也包括发现信息和交际过程中使用信息的技能。

贾玉新指出，跨文化交际能力包含四个方面，即基本交际能力系统、情感和关系能力系统、情节能力系统和交际策略能力系统。基本交际能力系统又包括语言能力、文化能力、交往能力和认知能力，强调交际个体为达到有效交际所应掌握的能力。在情感和关系能力系统中，移情是个很重要的能力，它是指设身处地地以别人的文化准则为标准来解释和评价别人行为的能力。情节能力是指在交际过程中，交际双方根据实际交际场景不断调节交际行为的能力。交际策略能力是指交际中所使用的各种方式方法，包括转换策略、近似语策略、非言语策略与合作策略等。

文秋芳不仅指出了跨文化交际能力应包含的因素，而且指出了跨文化交际能力发展的原则，即要循序渐进地、由低到高地进行。首先，要提高学习者的文化意识，使他们具备文化差异敏感性；其次，端正他们的态度，使他们了解和尊重对方文化；最后，培养他们处理文化差异的技能。

胡文仲、高一虹从外语教学入手，将外语教学的目的分为三个层次：微观层面的"语言能力"、中观层面的"交际能力"和宏观层面的"社会文化能力"。微观层面的"语言能力"指的是语言单位各个层面的知识和技能，如语音、词汇、语法、听、说、读、写等。中观层面的"交际能力"主要是对语言交际能力的培养。"社会文化能力"是外语教学宏观层面的目标，指的是运用已有的知识及技能对社会文化信息进行有效加工的能力。社会文化能力具体包括语言能力、语用能力以及扬弃贯通能力，其中扬弃贯通能力又具体包括理解能力、评价能力和整合能力。

胡文仲、高一虹对一般意义上的跨文化交际能力的概念进行了扩展和深化，把外在的跨文化交际能力延伸至人们通过对母语文化和异文化的理解、评价和吸收而达到内在人格的整合和完善；同时，将跨文化交际能力的提高与外语教育的目标和人的素质的培养机制结合在一起。

二、翻译人才的跨文化交际能力培养策略

（一）了解自我

1. 了解自身文化

每个人都生活在一定的文化之下，这些文化影响着人们对周围事物的评判标准。当人们接触到其他文化时，用本民族的价值观、社会规范和行为模式来加以衡量是一种习惯性的反应。因此，应了解自身文化的特点，尤其是本民族文化的优点与缺点，这有助于冲破本民族文化的围墙，克服狭隘倾向，从而提高跨文化交际能力。

2. 了解自己的交际风格

交际风格是指交际者在交际过程中所体现出的自身特点，具体包括以下几个因素。

①交际渠道，如语言的交际渠道、非语言的交际渠道等。
②交际形式，如巧妙对答的形式、仪式化的形式、辩论的形式等。
③交际者感兴趣的话题种类，如股票、商务、艺术、家庭、职业、文学等。
④交际者希望交际对象参与的程度。
⑤交际者赋予信息的实际内容和情感内容的多少。

在交际过程中，人们通常很快就能察觉出对方的交际风格。一个不容忽视的现象是，人们往往很少留意自己的交际风格，这就为交际的顺利展开带来了障碍。例如，一个交际者认为自己是个开放型的人，但交际对象却认为他是内向型的人，这种情况下，交际很容易出现问题。所以，了解自己的交际风格对交际的顺利开展大有裨益。

3. 了解自己的情感态度

在交际前，人们往往会产生一种由预先印象或定式带来的情感态度。这种情感态度易干扰交际者的态度，使交际者戴着有色眼镜看人处事，从而导致误解，或使交际者难以做出客观的判断。可见，交际者自身的情感态度也会对交际的质量产生重要影响。若能事先意识到这一点，交际者就可以尽量避免这种先入为主的情感态度，从而降低负面情绪对交际的影响。

第六章 翻译人才培养的相关举措

4.自我观察

交际中的双方通常不会向对方询问自己的交际风格如何，或要求对方对此做出评价。在这种情况下，想要了解自己的交际风格与情感态度就需要采取自我观察的方法。通过自我观察，交际者不仅可以对自己的交际风格、情感态度形成正确的认识，还可以通过对方的反应来进行印证，并在以后的交际中发扬好的方面，改正或避免不好的方面，逐渐提高跨文化交际的能力。

（二）掌握目的语文化的信息系统

1.学习目的语

语言是文化的载体，同时也是文化的重要体现方式。因此，交际者要想与其他文化中的人们进行交际，首先要学习对方的语言。当然，世界上的语言种类如此之多，全部学会是不现实的，但是学会世界上通用的语言、了解目的地的日常用语还是很有必要的。英语是一种国际性的通用语言，它不仅是许多国家、地区的官方语言，而且也是商务往来、国际会议等场合中的通用语言，还是大多数国家学校教育中的主要外语，因此，学习英语是提高跨文化交际能力的重要手段。

2.认识语言和文化的关系

语言与文化之间存在着密不可分的关系，这种"你中有我，我中有你"的紧密联系集中表现在习语上。习语是各民族成员在长期的语言运用过程中高度凝练而成的表达法，具有结构严谨、言简意赅、寓意深刻的特点，承载着厚重的民族传统与文化内涵。可见，习语是语言的重要组成部分，学习一国的语言必然要学习一国的习语。同时，交际者只有了解习语的文化内涵，才可能正确理解和使用习语，也才能在交际过程中进行更深层次的沟通，从而促进交际目的的达成。另外，交际者的成长环境、教育背景也是影响其理解和使用词汇、习语的一个重要因素，因此交际者必须时刻注意这一点，从而选择合适的词句表达和交际策略。

（三）培养移情能力

文化移情意识和能力并非与生俱来的，也不能一蹴而就，需要有意识地坚持训练，逐渐积累，才能形成。在日常英语教学中，教师要注重引导学生树立文化多元性的意识，让学生认同文化移情的必要性和重要性，将文化移情意识和能力的培养融入高校英语课程中。在文化移情过程中，要做到重视本族文化，这是实现文化移情的前提条件。重视本族文化并不意味着将本族文化视为绝对优越，产生"顺我者褒之,逆我者贬之"的态度,而是应该在"知己"的基础上,克服文化中心主义倾向,对异族文化采取"求同存异,和合共生"的态度,尊重不同的生活方式、风俗习惯、思维模式等,将不同文明的差异转变成为相互学习的载体和动力,使跨文化交际成为增进友谊的桥梁,从而实现文化共识。世界上任何一种文化都有其精华,只有理性地对待世界文化的多样性,树立正确的文化价值观,才能在跨文化交际中实现恰如其分的文化移情。

在实现文化共识的基础上,交际者还要不断加强文化敏感性的训练,有意识地多接触异族文化,并将其与本族文化进行对比。在比较中学习不同文化背景下的社会规范、文化规则及语用规律等,以此来提升文化敏感性和文化移情能力。在高校英语教学中,教师要将"文化教学"适当地穿插到语言教学中,采用"文化讨论""文化对比""文化渗透"等教学方法,引导学生正确看待世界文化的多元性,培养学生文化移情的自觉意识,逐步提升他们的文化移情能力。

(四)树立正确心态

1. 保持客观态度

民族文化对一个人的影响是深远的,可以说,每个人都对本民族的文化有着深厚的感情。但是,在跨文化交流的过程中,人们既要传承对本民族文化的热爱,也要以一种客观的态度来对待本民族文化与其他文化。具体来说,既要客观看待、评价每一种文化的优点与缺点,又要避免不经过客观分析就全盘肯定或否定某一种文化;既不能因为对本民族文化热爱有加就不能容忍别人说一点儿缺点,也不能毫无根据地将其他文化一概否定,说得一无是处,而是要在冷静分析、理性思考的基础上公正地看待跨文化交流过程中的不同现象。

2. 避免自我否定

每种文化都有其独特性,每个民族都有自身的优势,跨文化交流提供给人们了解他国文化的机会。在这一过程中应避免自我否定的倾向,不能因为看到他国文化的优势就否定本民族文化,更不能因此妄自菲薄、崇洋媚外,这不仅会使自己丢失本民族文化中优秀的东西,也会使自己失去客观公正的心态和独立选择的能力,无法学习和吸收外来文化的营养,从而对自己文化的发展产生不利的影响。

3. 既要吸收也要传播

在全球经济一体化的今天,文化领域的相互交融已渗透到社会生活的方方面面。不同文化之间的碰撞与吸收既能使我们客观、全面地认识他国文化,又能让我们以新的洞察力重新审视、认识本民族文化,从而在国际交往中做到知己知彼,提高国际理解力和国际竞争力,积极有效地推进我国与世界各国之间的交流与合作,促进我国社会的发展。更为重要的是,在介绍西方文化中优秀的人类文化的同时,我们也不能忽视中华民族的文化精粹,并且通过学习国外文化,应该对自己民族的文化有更深刻的认识,将本民族中的优秀文化传递给外国群众,促进国际文化的双向交流,为世界文化的繁荣发展做出更大贡献。

(五) 学会处理冲突

跨文化交际的参与者在语言、文化、习俗等方面都存在着巨大的差异,因此在跨文化交际过程中发生误解、冲突是很正常的现象。要想使跨文化交际顺利地进行下去,交际者就必须学会处理冲突。

1. 合作

合作是指通过富有建设性的方法来满足交际双方的需要和目的的一种冲突处理方法。与折中不同的是,合作通常要求人们以积极的态度来看待冲突、解决冲突,从而实现交际关系的融洽。

2. 和解

和解是指交际者放弃自己的立场、观点,接受他人的思想,从而与对方达成一致的方法。和解在处理冲突时十分有效。显而易见的是,和解与竞争正好相反,它要求交际者本身对"谁胜谁负"持无所谓的态度,或者意味着交际者本身较为软弱。

3. 折中

折中是指交际双方为解决冲突而找到一个双方都能接受的途径。这种方法虽然能使交际双方都感到满意,但同时也意味着双方都要做出一定的牺牲或让步,是介于竞争与和解之间的一种冲突解决方法。

4. 退避

概括来说,退避包括两种:一种是身体上的退避,如远离冲突;另一种是心理上的退避,如沉默不语或在预感可能发生冲突时绕开话题等。退避是避免冲突的一种常用、简单的方式。

5. 竞争

竞争是指交际者通过言语侵犯、威胁、胁迫或剥削等方式将自己的意志强加于对方，从而使对方认同、接受自己的观点、行为、价值观等。竞争的最显著的特点就是强硬。

第三节　翻译人才的跨文化非语言交际能力培养

在交际过程中，人们通常使用语言符号，但是，大量的非语言符号（如目光、体态、味道等）对交际也有着重要影响。由于这些非语言符号在不同的文化中有着不同的含义，误用或误解非语言符号很容易引起误会和矛盾。因此，正确理解和使用目标文化中非语言符号的含义是跨文化交际者必须掌握的本领，否则就会对交际的顺利进行造成障碍。

一、非语言交际概述

（一）非语言行为的诠释

语言既反映文化内容，也受文化的制约。文化制约不仅存在于语言形式中，它还存在于非语言形式中，人们对时间、空间、身体运动及面部表情的理解和运用也受特定文化的影响。

贾玉新认为，文化不仅是通过语言教育、语言学习和语言行为交际得以维持、储存和传播的，更重要的是，文化也是通过观察和模仿传播的；是通过非语言交流，隐含地、有意识或无意识地传播的。胡文仲也指出，在面对面的交流中，70%的信息是由非语言形式发出的，而语言行为只占30%，这说明交际包含着极为丰富的非语言行为。

非语言交际顾名思义就是通过不属于言语范畴的方法来传递信息的过程。它包括使用除语言和文字以外的一切传递信息的方式，如身体动作、面部表情、空间利用、触摸行为、声音暗示、穿着打扮和其他装饰等。甚至没有表情的表情、没有动作的动作，都是非语言交际的途径。在实际的交际过程中，语言和非语言的信息是相互影响、共同作用的。非语言行为可以强调要阐述的某个信息。有

第六章 翻译人才培养的相关举措

时候，非语言信息又是多语言信息的重复。当你对某人说的事不明白时，就会摇头表示你不理解他的话。非语言行为也可以用来代替语言行为，比如，有时我们表示同意或不同意，不是说"是"与"不是"，而是点头或摇头。另外，非语言行为还可以用来补充语言信息，即在语言行为之外增加信息。我国学者毕继力认为，借鉴西方学者比较统一的认识，可以将非语言交际粗略地分成四大类：体态语、副语言、客体语、环境语。

非语言交际在交际过程中有绝对的普遍性与连续性，是因为它不仅表现在交际者的身上，而且表现在交际过程的每一个阶段中。但非语言交际手段也有它的非普遍性，就是说，某些非语言行为仅局限于一个民族、一个地区、一个群体、一个家庭甚至夫妻之间使用，而局外人却不理解，甚至会误解。而且许多非语言行为是多义的，在不同文化或地区同一非语言举止会有许多不同的甚至是相互对立的含义。

（二）非语言交际的定义

一般情况下，人们谈到交际时首先想到语言，却不知语言交际仅是交际手段的一种，并不是唯一的途径。除此之外，人们还使用多种手段来表达自己的思想和情感，传递各种信息。然而，要以全面、准确的方式定义非语言交际是不容易的。许多中外学者对非语言交际进行了界定，但由于非语言交际的范围很广，其概念定义一直存在争议。关于非语言交际的定义，国内外学者纷纷提出自己的看法。其中，伯古恩和赛因认为："非语言交际是人们的属性或行为，它们不是用语言表达的。这些属性或行为被发送者有目的地发送出去，并被接受者有意识地接受或进行反馈。"美国跨文化交际研究者萨莫瓦认为："非语言交际指的是一定交际环境中语言交际因素以外的、对输出者或接收者含有信息价值的那些因素，而这些因素既可人为地生成也可由环境造就。"马兰德洛认为："非语言交际是不用言辞的交际。"在这一点上，国内学者有不同的看法。杨泉良认为："非语言交际是使用不属于语言范畴的方法传递信息的过程，非语言交际的形式繁多，并不像语言交际仅有口语和书面语。"胡文仲认为："非语言交际是不使用语言进行交际的交际活动。"在这个观点上，毕继万与胡文仲的观点相同，他认为："非语言交际指的是语言行为以外的所有交际行为和交际方式。"

基于中西方学者对非语言交际的看法，可以统计为以下三点。

第一，在交际中，语言交际与非语言交际是密不可分、相辅相成的。非语言交际可以单独传递信息和表达情感,也可以通过对语言交际的补充来表达信息。

第二,非语言交际的方式多种多样,是除语言以外的交际行为,是通过非口头和非书面的方式向信息接收者传递信息,并使其能够有效地接收信息。

第三,非语言交际必须依存在一定的交际环境中,不同的交际环境中非语言行为的表达效果不同,同一交际环境中不同的非语言交际行为具有不同的表达效果。

(三)非语言交际的分类

一切不使用语言进行交际的活动被统称为非语言交际,包括眼神、手势、身势、微笑、面部表情、服装打扮、身体的接触、讲话人之间的距离、讲话的音量、时间观念、对空间的使用等。美国跨文化专家萨莫瓦和波特研究发现,"在面对面交际中,信息的内容只有35%左右是通过语言行为传递的,其他都是通过非语言行为传递的"。非语言交际的类型可以分为体态语、眼神、手势、身势、触摸、副语言、空间语、客体语等。

1. 体态语

体态语指人们在进行交际时身体所传递出来的各种带有交际意义的信息,它包括体姿、面部表情等。据统计,人类可以做出的身体动作数量高达70万种,它们无时不在传递着交流双方的心理和精神状态。体态语指的是用以同外界交流信息和感情的全部或部分身体的动作,英语中用"body language"等词组来表示。

2. 眼神

西方人谈话时眼睛直视对方。而在亚洲和非洲的许多国家,人们认为讲话时眼睛直视对方是不礼貌的,尤其是下级在听上级讲话时,下级的眼睛会向下看以示尊敬。目光语是人们非常熟悉的非语言交际行为,是一种非常重要的交际手段,它的表意功能极为丰富。根据杨晓黎的调查,中国人的面部表情占非语言行为的48.8%,是最普遍的非语言行为,而其中眼、眉的行为最为丰富。中国人所用的许多成语都与眼与眉有关,如扬眉吐气、眉飞色舞、挤眉弄眼、愁眉苦脸、横眉冷对、柳眉倒竖、愁眉紧锁、目瞪口呆、暗送秋波等。"眼睛是心灵的窗户",眼神的千变万化表达着人们丰富多彩的内心世界。目光接触是非语言交际的一个重要方面。在传达细微的情感方面,目光语起到了其他语言行为和非语言

第六章 翻译人才培养的相关举措

行为所起不到的作用。贾玉新在他的《跨文化交际学》中谈到年轻人相爱时，他们的视觉行为常常会发生以下变化：最初阶段他们会把目光移开以表示羞涩；其后会用眼光扫视对方一眼，之后又把头扭到一边。由于文化差异的存在，目光语的使用是非常复杂而又敏感的问题。外语国家的人比中国人目光交流的时间长而且更为频繁，他们认为缺乏目光交流就是缺乏诚意。特别是美国文化要求人们直视交际对方的眼睛，直视对方不仅表示洗耳恭听，而且是为人诚实的表现。在美国有"不要相信那些不敢正视你的人"这样的警句。对他们来讲，不敢直视别人的眼睛是心虚、蔑视、恐惧、冷淡、心不在焉、内疚、虚伪的表现。然而，在中国文化中，人们不像美国人那样直视别人的眼睛，中国人为了表示礼貌、尊敬或服从而避免一直直视对方。特别是男士如果一直"盯着"女士看，常被认为是一种不怀好意的行为。在跨文化交往中，外语国家的人会因为中国人回看时间过短而反感，认为他们看不起自己，或者认为中国人表情羞羞答答、目光躲躲闪闪；中国人却感到外语国家的人在交流过程中总爱死盯着人，特别是年轻女子对于外语国家的男子这种注视有时就极为反感。所以，在这方面有许多约定俗成的规范，如看不看对方、什么时候看、看多久等。在跨文化交往中，中西方人们都应懂得这种非语言行为不同的含义，充分利用非语言交际，并要注意正确使用。

3. 手势

各民族都用手势表达一定的意义，但同一手势在不同的文化中却可以表示不同的意义。即使在同一民族中，由于地区习俗的不同，同一手势也可能会有不同的意义。例如，在广东，主人在给客人斟酒时，客人为了表示感谢，用食指和中指轻叩桌面，而在北方，同一动作却表示不耐烦。有些手势是某一文化特有的，为了顺利交际，人们必须了解它们的意义。例如，英美人所使用的一些手势就具有特殊的含义。在日常交往中，人们有两种基本手势：手掌心朝上，表示真诚或顺从；手掌心向下，多表示受制。在日常交际中手势表达可谓繁复，所以交谈中不同文化的人都应细心观察、多多领会。例如，英美人习惯伸出食指并用食指朝上向里勾动，这一手势表示"请过来"，这在中国传统文化中给人以不正派的感觉，在日本等一些亚洲国家，他们常以此手势来召唤一条狗或别的动物，而在大部分中东国家，用一个手指召唤人是对这个人的极大侮辱。有时候各国的非语言交际手段、行为虽然相同，但表现的含义却相差甚远或截然不同。如英语国家的人在太阳穴处用食指画一个圈表示某人太古怪了，或者是发疯了，而在中国人眼里，这意味着要求对方动动脑筋、想想办法。许多外语国家的人都喜欢弹手指表示"噢，想起来了"等含义。中国人如果做这种动作，就会被视为流里流气的人。中国人有时讲话会下意识地摸一下鼻子，无什么特别的含义，美国人则将这一动作视为隐匿不好的想法或谎言的手势，或者表示不同意或拒绝对方的看法。

4. 身势

南欧、中欧、拉丁美洲地区的人们讲话时动作较多、动作幅度也较大；北欧、英美的人动作较少、幅度也较小；中国、日本、朝鲜也属于动作较少，幅度较小的一类。有人戏称意大利人若是上肢做了截肢手术，就会讲不出话来。调查显示，美国人的面部表情比亚洲人多，但是比拉丁美洲人和南欧人少。

5. 触摸

对于触摸的对象、范围、场合、形式，不同的文化有着不同的规定，如果处理不当，往往会造成尴尬甚至不愉快的后果。有的学者认为，气候暖和的国家多属于接触性文化，气候寒冷的国家多属于低接触性文化。

6. 副语言

副语言指各种非语言声音。副语言也叫伴随语、类语言或辅助语言，是指各种有声而无固定意义的声音符号系统。副语言有较为明显的民族特征，比如阿拉伯人讲话声音普遍较高，并将这看作力量和诚意的象征，而泰国人和菲律宾人说话的声音近乎耳语，他们将此视为教养良好的表现。同样，意大利和阿拉伯人语速较快也是民族性的体现。副语言通过音调、音量、语速、音质、清晰度起到言语的伴随作用。

7. 空间语

空间成为一种交际手段，主要是因为不同的距离和方位以及身体姿势标志着交流双方不同的情感关系，进而影响人们感情的表达。美国人类学家霍尔把人际交往的空间范围划分为3个区域：亲密距离（0～0.45米），适用于夫妻、父母与子女以及恋人之间；个人距离（0.46～1.22米），适用于朋友、熟人和亲戚之间；社交距离（1.22～3.66米），适用于一般的熟人。公共座位的安排也是空间语的表现之一。

8. 客体语

客体语一般指人工用品，包括化妆品、修饰物、服装、家具以及其他物品。

从交际角度看，这些物品都可以传递非语言信息，都可以展示使用者的文化特征和个人特性。

二、跨文化非语言交际的功能

（一）重复功能

非语言交际可以单独起作用，重述交际信息。比如，当你给人指路时，在口头指出后，再用手势等指明方向，这就是一种重复。你在买包子时，可能会说要两个包子，同时，伸出两个手指，表示"两个包子"。此时，非语言信息与语言信息相互重复。在讲授汉语生词和句子意思时，教师用汉语讲过之后，如果学生不能很好理解，可以适当用非语言手段来重复生词或句子，从而达到预期的教学效果。

（二）抵触或否定功能

有时，非语言信息与语言信息不一定相一致，语言传达的并非真正的信息，而非语言行为传达的反而才是真正的信息。比如，有的人口头说："我一点儿也不紧张。"而他的声音及手却都在发抖。这种情况下，人们往往倾向于更相信非语言信息。教师的非语言手段表达的信息应尽量与语言信息保持一致，不然很容易误导学生，因为学生在不理解语言表达时，可能会依靠非语言信息，这时，非语言信息与语言信息的一致性至关重要。

（三）替代功能

在某些特定场合，不能或不便用语言发出信息，此时，往往用间接、曲折、较隐晦或委婉的非语言方式来代为传达某种信息。如在中国古代，主人对客人不耐烦时，就用倒扣茶杯的方式下逐客令；在西方面试时，考官对应试者不满意，则故意装出坐立不安的样子，要么擦眼镜片，要么开始剪指甲。在汉语课堂上，非语言行为可以作为掌控课堂的重要手段，如在学生喧闹时，教师可以将食指放在嘴巴前，做出"嗦声"的手势，学生便能很快领会教师的意思，并安静下来。

（四）补充或辅助功能

非语言符号是语言沟通的辅助工具。非语言行为可以对语言行为起到修饰和描述作用，它伴随语言而出现，能使语言表达更准确、更有力。比如，老师问你："你完成作业了吗？"你回答："当然完成了！"然后用手做出一个"OK"的手势。在领读汉语生词或纠正学生的发音时，教师可以边读，边用手势标调，这样可以借助手势来辅助教学。

（五）强调功能

这个功能主要用来强调语言信息或其他非语言信息的特别或重要之处，运用非语言手段使语言的内容更加鲜明、突出。这里的非语言手段同语言手段的内容是一致的，共同表达一致的信息。比如，教师在教学中总以停顿强调要点，或者用比平时更大的声音，也可以强调语言信息。

（六）调节功能

交谈时，人们常常以手势、眼神、头部动作和停顿暗示自己要讲话、已讲完，或不让人打断。非言语交际可以帮助调节人际交流时产生的来往信息流，调整对话的节奏。例如，英语国家的人讲话一时想不出恰当的词句但又不打算终止发言时常会发出一种声音分隔信号"Uh"或"Unh?"，同时用手抚摸下巴，表示"正在思考"，不让人打断。又如在两人对话中，有一方常常以点头、改变语调、拍对方的肩膀等暗示对方继续说下去或住口，从而起到调节两人之间交流的作用。

三、跨文化非语言交际的原则

跨文化交际中研究非语言交际与文化之间关系的最现实的意义是要解决非语言交际的文化冲突问题。在跨文化非语言交际中，由于文化差异常引起非语言交际障碍以及冲突的发生。多数非语言交际行为规则都是在长期的历史和文化积淀中形成的，为某一社会群体所接纳的约定俗成的交际方式。

（一）入乡随俗原则

在跨文化交际中，交际双方要根据目的语文化特点、民族习惯及宗教信仰采取相应的交际方式，充分尊重和理解目的语的民族文化，排除自己固有的文化模式的干扰。在这一原则的指导下，交际者首先要了解和学习对方的非语言交际特点、民族习惯、宗教信仰及非语言交际行为手段的含义和特点，了解对方的文化与自己的文化在非语言交际行为、手段方面的差异与冲突所在，并能因时因地在可行的情况下改变自己的非语言交际方式，在不损伤本民族文化情感的前提下，突破本民族固有的文化模式，恰当得体地运用目的语非语言交际的方法进行交际，这种适度得体的改变会使得跨文化交际顺利、和谐地完成。采用入乡随俗原则可以使交际的双方多些理解和尊重，少些误解与冲突。

（二）求同存异原则

求同存异是指发现不同文化间的相同与相异之处，主动排除文化干扰，防止文化冲突，创造出交际双方共同接受的交际环境的方法。有学者讲，持A、B文化的交际者在交际中，都会努力回避可能引起障碍或冲突的不同的非语言交际原则，从有利于交际目的角度出发，利用相互认可的方式创造C文化进行交际。在实施这一原则时，要防止交际双方产生和表现出不良的文化优越感和文化偏见，即不要以自己的认识方法和价值观念去分析和评价其他文化的内涵、价值观念及交际习惯；不要以自己的文化为中心，将自己的非语言交际行为和手段凌驾于其他文化的非语言交际之上；不要在非语言交际时采取傲然的态度。带着文化优越感或文化偏见的态度进行非语言交际，结果必然是使自己陷入孤立封闭的状态。因此，交际者在交际时应利用求同存异原则，排除固定的语言文化模式和偏见的干扰，运用客观公正、相互尊重、相互理解、平等交际的原则进行文化交往，这样才能成功地进行跨文化交际。

四、跨文化非语言交际的语用特点

（一）多变性

非语言交际没有正式的规则和模式，没有固定的结构，需要综合分析周围的情况才能确定非语言交际所表达的意义。因为没有一套具有明确意义的符号，在不同的文化和交际过程中，相同的符号可能表示不同的意义。比如，用拳头打某人，有时表愤怒，有时表激动，有时表悲伤，有时表绝望，有时还可能是表喜爱、亲昵等。可见，打人这一动作要根据不同的交际情境来分析，不能简单地将其定性为某种意义。

（二）持续性

非语言交际是持续不断的，不受时间的线性特征制约。语言的信号是从口里发声而开始，声音结束即结束的，而非语言交际则可以延续到只要某人在你周围，交际就不算结束。譬如，面试时，从你进入房间开始，即使你还未开口，面试官便开始了对你的考察。又如，在激烈的争论之后，也许不再开口，但双方的面部表情却在传递着信息。

（三）鲜明性

在科学技术高度发达的今天，非语言行为的鲜明性随处可见。在机场、铁道边和高速公路上，用标示鲜明、一见就懂的符号发出各种指令、指挥交通，用清晰的图形标志来代替文字说明，这种方式更为简洁、直观、鲜明，人们理解起来也比较容易。

（四）隐含性

非语言行为的隐含性在许多场合得以体现，例如，人们在做游戏或交谈时，使眼色或者打手势等都是比较隐蔽的非语言交际行为。这种隐蔽地传递信息的功能是语言行为无法替代的。

（五）普遍性

非语言交际的多种形式可以跨越不同文化而得到认可，可以超越文化、民族和国家的范围，成为国际社会公认的交际手段，这一特点是语言交际所没有的。研究显示，不同文化的人们在表达高兴、气愤、害怕、惊奇等时有着共同的面部表情，哪怕体育比赛中裁判的动作都可以不需要翻译而被各个民族的观众理解。

（六）辅助性

心理学研究发现，人际交往中传递的信息量，7%凭借语调，38%出自声音，55%来自表情。虽然分析数字表明非语言行为在交际中起着重要的作用，但是，不管非语言在交际中的作用有多大，其结构有多简单，使用范围有多么广泛，都不能与语言相提并论。所以从总体上讲，非语言交际处在辅助的从属地位。

第四节　翻译人才培养的政策保障

一、需求侧逻辑下的外语教育政策

（一）投资

近年来，在我国努力实现由"本土型"国家转变为"国际型"现代化国家的过程中，我国人民意识到国家所拥有的外语能力在争取国际话语权中的重要作用，以及外语教育对国家和个人的发展具有巨大的经济价值，所以，政府不断加大财政投资力度，并多次下文要求地方财政、社会力量多渠道筹集教育经费。外语教育的投资主要包括两个方面：一是政府层面的公共投资，包括外语教师的培训费用、外语教师的工资、政府举办的各类外语培训班及媒体上的外语教育节目的投入费用、政府在外语教育设备上的投入等；二是个人层面的投资，包括外语学习者的时间投入和经济投入。由于外语教师的外语基本功和教育教学理论是关系到外语教育发展的关键，因此，我国政府近年来特别注重对师资力量的投入。

（二）消费

外语教育领域的消费内容主要包括以下几个方面：一是可供外语学习者选择的外语语种，目前主要是英语。二是外语学习者所使用的教材。目前，经高等学校外语专业教材编审委员会审查通过的外语课程标准试验教材种类繁多，且都是依据课程标准编写的，其中有一些教材是在引进版教材的基础上根据中国国情编写的。三是外语学习者所消费的教学方法。教育者一直致力于探索行之有效的教学方法，目前具有代表性的研究成果是任务型教学方法和交际教学方法。

二、供给侧逻辑下的外语教育政策

（一）优化外语教育的师资力量供给

提高英语教学质量，关键要靠教师。首先，从外语教师的入口着手，参照国际语言教学规范，建立各级外语教师资格认证制度，为不同层次的外语教师制订明确的资格标准和切实可行的评价方法。同时，提高外语教师的学历标准，明确应聘者的外语能力。其次，对于已经从事外语教育行业的教师，应采取多种形式的师资培训，如远程培训、业余讲座、暑期强化培训班、短期培训、长期跟踪指导、集中培训和校本培训等。

（二）完善外语教育政策的整体性供给

供给侧理念必然强调长期的可持续发展。长期持续稳定的外语教育政策规划和执行对促进外语教育发展具有至关重要的作用。要实现外语教育质的飞跃，适应当今社会对于多元外语人才的需求，就必须在国家发展战略上高度重视对外语教育政策的制定。

（三）实现外语教育区域均衡发展的供给

供给侧理念必然强调结构性调整。在 2010—2030 年规划期间，我国城乡人口的比例、结构及分布会处在动态变化中，因此，我国的外语教育资源运用及政策指向也要充分考虑、适应这种动态的变化，要做好外语教育的城乡统筹，要引导外语教育资源向中西部倾斜。同时，外语教育政策还要考虑我国辽阔地域空间的不同发展战略所带来的限制，要有所侧重地制定各地区的外语教育政策，要根据本区域的发展实际改革和完善规范外语翻译人才的开发和培养模式，进一步突出关键语种和通用语种人才的培养差异，处理好城乡间、区域间的协调发展。

（四）丰富外语教育的语种供给

供给侧理念必然强调激发市场活力。随着中国对外开放战略的实施，我国急需大量的、多语种的外语人才，因此，我国外语教育的语种设置应朝着多元化方向发展。外语语种的选择设置必须结合本国的政治、经济、文化、外交、国防安全等对外语的需求。要鼓励有条件的院校积极开设小语种专业，对小语种专业的毕业生给予适当的补助。

（五）创新外语教育综合评价体系的供给

供给侧理念必然强调制度。外语教育评价要坚持四个原则：教学评价与特色评价相结合的原则、定量评价与定性评价相结合的原则、终结性评价与形成性评价相结合的原则、评价的发展性与整体性相结合的原则。外语教学评价既要关注学习结果，也要关注学习过程；评价主体要多元化，既要有教师和学生参与评价，又要有家长和社会参与评价；评价的形式、内容和方法要丰富。在评价中，

第六章 翻译人才培养的相关举措

　　我们要注意评价方法的合理性和多样性，体现学生在评价中的主体地位，正确处理教学与评价之间的关系。除普通的教学评价外，还要辅以其他评价方法，如评价学生的创新性等，实现评价的综合性、全面性和有效性。

　　另外，从国际外语教育政策发展进程看，语言能力评估量表是比较科学的语言能力评价方式。我国已在2017年发布了"中国英语能力等级量表"。该量表将有助于确立先进的测试目标及其体系，成为推进外语教学改革和提高外语教学质量的"加速器"；有助于对现有的大、中、小学外语教学进行全面规划和协调管理，建设外语教学"一条龙"体系；有助于规范和治理外语教育发展的失衡状态，协调各阶段外语教学的不同任务和定位，形成多样化和多元化外语教育生态。

参 考 文 献

[1] 吕尔欣. 中西方饮食文化差异及翻译研究［M］. 杭州：浙江大学出版社，2013.

[2] 崔姗，韩雪. 英语文化与翻译研究［M］. 北京：新华出版社，2015.

[3] 游英慧. 外语翻译与文化融合［M］. 北京：光明日报出版社，2015.

[4] 朱凤云，谷亮. 英汉文化与翻译探索［M］. 北京：北京理工大学出版社，2017.

[5] 宋韵声. 中英翻译文化交流史［M］. 沈阳：辽宁大学出版社，2017.

[6] 秦礼峰. 中西文化差异下的英汉翻译技巧研究［M］. 成都：电子科技大学出版社，2017.

[7] 杨芙蓉. 中西语言文化差异下的翻译探究［M］. 北京：中国水利水电出版社，2017.

[8] 秦初阳，赵仕君. 文化观照下的中西语言及翻译［M］. 长春：吉林人民出版社，2017.

[9] 李雯，吴丹，付瑶. 跨文化视阈中的英汉翻译研究［M］. 长沙：湖南师范大学出版社，2018.

[10] 史传龙. 翻译能力培养下翻译教学模式创新研究［M］. 石家庄：河北人民出版社，2018.

[11] 方芳. 经济全球化语境下的文化翻译审视［M］. 长春：吉林大学出版社，2018.

[12] 韩静. 中西文化融合与交流研究［M］. 北京：现代出版社，2019.

[13] 王端. 跨文化翻译的文化外交功能探索［M］. 北京：中国广播影视出版社，2019.

[14] 任永进，贺志涛. 跨文化交际背景下的中西文化比较研究［M］. 北京：中国大地出版社，2019.

[15] 佟丽莉. 语言学与英语翻译教学的多维度探析[M]. 西安：陕西科学技术出版社，2020.

[16] 王海建. 中外文化差异对英汉翻译的影响[J]. 职业，2011（35）：134.

[17] 霍彦京. 浅谈中外文化差异对英语翻译的影响[J]. 黑河学院学报，2018，9（5）：197-199.

[18] 王蕊. 翻转课堂下高校英语翻译教学实践研究[J]. 高教学刊，2020（36）：122-125.

[19] 鲍晓慧. 试论大学英语翻译教学中理论与技巧的渗透[J]. 现代交际，2020（22）：144-146.

[20] 张志勇. 论翻译教学中批判性思维能力的培养[J]. 江汉石油职工大学学报，2020，33（6）：68-70.

[21] 王蓓. 解构主义翻译观对大学英语翻译教学的影响[J]. 农家参谋，2020（24）：178.

[22] 路之阳，王钰，张林影. "互联网+"时代大学英语翻译教学模式建构[J]. 科技资讯，2020，18（29）：38-40.

[23] 赵彩燕. 翻译教学在高校英语教学中的重要性及其策略[J]. 海外英语，2020（17）：160-161.

[24] 梁燕. 网络环境下高校英语翻译教学改革探究[J]. 江西电力职业技术学院学报，2020，33（8）：56-57.

[25] 唐怿春. 多模态教学法在大学翻译教学中的应用[J]. 国际公关，2020（8）：61-62.

[26] 牛荣亮. 应用型本科高校翻译人才培养模式分析[J]. 就业与保障，2020（8）：93-94.

[27] 张昕. "一带一路"背景下高职英语翻译人才的培养[J]. 经济研究导刊，2020（12）：154-155.